Diogenes Taschenbuch 24692

W0181062

Ab ins Körbchen

Geschichten und Gedichte rund um Ostern

Mit einer exklusiven Erzählung
von Stefanie vor Schulte

Ausgewählt von Adrian Asllani

Diogenes

Der Herausgeber dankt Margaux de Weck, Martha Schoknecht und
Angela Ferreira für ihr Vertrauen und die Unterstützung
Covermotiv: Illustration von Jean-Jacques Sempé, ›Le petit Nicolas‹
© IMAV éditions / Goscinny-Sempé
Nachweis am Schluss des Bandes

Welch ein schönes Nest
Hat mein Liebchen entdeckt!
Unterm Veilchenbusch
Fein war es versteckt.

Wilhelm Raabe,
Osterhas

Inhalt

Gründonnerstag

Rätselhaftes Ostermärchen

(nur mit Ei und Eier aufzulösen)

Der FrackverlOher HOnrich OstermOO kehrte am ersten OsterfOOtage sehr betrunken hOm. SOne Frau, One wohlbelObte, klOne Dame, betrieb in der KlOststraße Onen OOhandel. Sie empfing HOnrich mit den Worten: »O O, mOn Lieber!« DabO drohte sie ihm lächelnd mit dem Finger. Herr OstermOO sagte: »Ich schwöre Onen hOligen Od, dass ich nur ganz lOcht angehOtert bin. Ich war bO Oner WOhnachtsfOO des VerOns FrOgOstiger FrackverlOher. Dort hat Ones der Mitglieder anlässlich der Konfirmation sOner Tochter One Maibowle spendiert, und da habe ich denn sehr viel RhOnwOn auf das Wohl des verehrten JubelgrOses trinken müssen, wOl man ja nicht alle Tage zwOundneunzig Jahre alt wird.« Frau OstermOO schenkte diesen Beteuerungen kOnen Glauben, sondern sagte nochmals: »O O, mOn Lieber!« Worauf ihr PapagO die ersten zwO Worte »O O« wohl drOßigmal laut wiederholte. Über das GeschrO des PapagOs geriet HOnrich in solche Wut, dass er On BOl ergriff und sämtliche OO zerschlug. Frau OstermOO wurde krOdeblOch und lief, triefend von Ogelb, zur PolizO. Ihr Mann aber ließ sich erschöpft auf Onen

Stuhl nieder und wOnte lOse vor sich hin. Bis ihm der PapagO von oben herab On OsterO in den Schoß warf. Da war alles vorbO.

RENÉ GOSCINNY

Meine Osterferien

Ostern habe ich gern – das ist ein schönes Fest; man hat Schulferien, man isst eine Menge Schokoladeneier, alle Leute verreisen – wie die Glocken –, aber wir fahren nicht nach Rom, sondern zu Oma, die wohnt auf dem Land, sehr weit weg von uns. Ich glaube, Papa hat keine große Lust, zu Oma zu fahren. Er hat Mama erklärt, dass er lieber zu Hause bleibt und sich ausruht und dass er über Land nicht mehr als neunzig Kilometer in der Stunde fahren darf – das ist kein Spaß, das kann teuer werden und alles wegen dieser drei läppischen Tage. Mama hat zu mir gesagt, ich soll rauf in mein Zimmer gehen und spielen, und nachher habe ich ihre laute Stimme gehört, aber ich habe nicht verstanden, was sie gesagt hat. Als ich wieder ins Wohnzimmer runtergekommen bin, habe ich mich gefreut, nämlich Papa hat entschieden, dass wir zu Oma fahren. Ich fahre gern zu Oma – da gibt es Hühner, Kaninchen, Enten, Bäume und sehr gutes Essen.

»Ich bereite einen Proviantkorb vor, für unterwegs«, hat Mama gesagt. Aber Papa hat gesagt, nein, er hat keine Lust mehr auf hartgekochte Eier, Butterbrote und Bananen, und diesmal gehen wir ins Restaurant.

Das ist klasse! Papa wählt immer die Restaurants aus einem kleinen roten Buch, er hat mir mal erklärt, da steht drin, wie gut die Restaurants sind, mit einer Menge Sternchen und klein gedruckten Gabeln. Aber Papa geht nie dahin, wo die vielen Sterne sind, nämlich Papa sagt, da ist es sehr teuer, und er lehnt es ab, für ein gewöhnliches Essen die übertriebene Dekoration mit zu bezahlen. Ich weiß ja nicht genau, was das bedeutet, aber Papa lacht immer, wenn er so was sagt, und er sagt es oft. Also muss es irgendwie lustig sein, was er da sagt, und darum lache ich mit, um ihm eine Freude zu machen, denn ich habe meinen Papa sehr gern.

Na ja, das mit dem kleinen roten Buch klappt nicht immer, weil es schon sehr alt ist. Papa hat mir gesagt, er hat es gekauft, als er und Mama geheiratet haben und auf Hochzeitsreise gegangen sind. Jetzt passiert es oft, dass man vor einem Restaurant hält, und das Restaurant ist nicht mehr da, und an der Stelle steht eine Gummifabrik. (Wie beim vorigen Mal, da sind wir im Auto unterwegs gewesen, und da ist uns ein Reifen geplatzt vor einer Fabrik, und die Leute, die da gearbeitet haben, sind herausgekommen, um uns zuzusehen, und sie haben gelacht. Papa hat nicht gelacht, denn der Reifen am Reserverad war auch geplatzt.)

Wir sind sehr früh am Morgen abgefahren, und vor der Abreise hat Papa noch bei Herrn Bleder geläutet – das ist unser Nachbar –, um ihm zu sagen, dass wir weg sind und dass wir vielleicht bis zur Küste durchfahren. Herr Bleder hat einen gestreiften Schlafanzug angehabt, und irgendwas hat ihm wohl nicht so recht gepasst, was, weiß ich auch nicht. Aber er ist trotzdem freundlich gewesen, und er hat uns eine gute Reise gewünscht.

»Gute Reise!«, hat er gesagt.

Auf der Landstraße hat keiner neunzig Stundenkilometer fahren können, weil so viele Autos unterwegs waren. Es ging nur ganz langsam voran, und die Leute, die in die Ferien fuhren, sahen überhaupt nicht fröhlich aus.

»Das fängt ja gut an«, hat Papa gesagt.

»Das wird ja schwierig, bis zur Küste durchzufahren«, habe ich gesagt.

»Welche Küste?«, hat Mama gefragt.

»Nick, sei still!«, hat Papa gerufen.

Ich hab angefangen zu weinen, und Mama hat Papa gesagt, er soll mich nicht anschreien, es ist ja nicht meine Schuld, wenn wir im Stau stehen, und Papa hat gefragt, ob er etwa die Idee gehabt hat, über Ostern zu Oma zu fahren, und ich habe gesagt, nein, das war Mama, und Mama hat gesagt:

»Nick, sei still!« Und ich habe wieder zu weinen angefangen, aber richtig feste, denn ich habe mich doch gefreut, dass wir zu Oma fahren.

»Weißt du, was mir Sorgen macht?«, hat Mama gesagt. »Wo so viele Leute unterwegs sind, werden die Restaurants bestimmt voll sein.«

»Das Wichtigste ist, dass man zur richtigen Zeit Pause macht«, hat Papa gesagt. »Ich habe mir ausgerechnet, dass wir um die Mittagszeit gemütlich in Wolpertsdorf am Stein eintreffen können, und da gibt es einen kleinen Gasthof, den hat Kress mir empfohlen.«

Herr Kress, das ist ein Bürokollege von Papa, der gerne viel isst – so wie mein Freund Otto –, aber Herr Kress geht viel öfter ins Restaurant als Otto, und daher kennt er eine Menge Adressen, und die gibt er an Papa weiter.

Die Autos auf der Straße sind überhaupt nicht mehr vorangekommen, und Papa hat gesagt, bei dem Schneckentempo kommen wir bis Mittag nicht mal bis Wolpertsdorf am Stein. Er hat eine kleine staubige Straße gesehen, die von der Hauptstraße abging, und da hat er den Wagen kurzerhand auf die Nebenstraße gelenkt.

»Man muss sich nur auskennen«, hat Papa uns erklärt. »Dann entgeht man dem Stau, und manchmal gewinnt man sogar ein paar Kilometer. Wir kommen später wieder auf die Hauptstraße.«

Papas Idee ist sehr gut gewesen, denn viele Autos sind uns gefolgt. Wir sind die Ersten gewesen, und ich war stolz auf meinen Papa. Gut war auch: Die Straße war so schmal, dass niemand überholen konnte. Aber das war schade: Die Straße endete an einer Schranke, und hinter der Schranke war eine Wiese mit Kühen, die haben uns angeschaut und gekaut und »Muh« gemacht.

Weil wir nicht umdrehen konnten, haben alle Fahrzeuge bis zur Hauptstraße rückwärts fahren müssen, und das hat viel Zeit gekostet. Ein Herr, der am Rand der Straße auf einem dicken Pferd saß, hat gelacht, und er hat uns zugerufen, das ist schon seit drei Jahren immer dasselbe, denn ein Traktor hat das Schild umgefahren, auf dem gestanden hat: »Sackgasse«.

Wir sind in Wolpertsdorf am Stein um Viertel vor drei angekommen, aber Papa hat gesagt, das macht nichts, im Gegenteil, denn um die Zeit sind die Gäste alle schon wieder unterwegs, und wir kriegen leichter einen Platz. Papa hat recht gehabt: Platz war genug da, aber der Wirt hat uns gesagt, er hat nichts mehr zu essen.

»Siehst du«, hat Mama gesagt, »hätte ich meinen Korb …«
Papa und Mama haben angefangen sich zu streiten, aber der Wirt hat gesagt, er kann aushelfen, und er kann uns etwas servieren. Was er hatte: hartgekochte Eier, Butterbrote und Bananen.

Nach dem Mittagessen sind wir wieder aufgebrochen, aber wir mussten langsam fahren – der Wagen ist heiß geworden, der Motor hat komische Geräusche gemacht. Wir sind abends um sechs Uhr bei Oma angekommen. Oma ist uns aus dem Haus entgegengelaufen, sie hat mich in den Arm genommen und geküsst, sie hat Mama geküsst, und Papa hat sie die Hand gegeben, und sie hat gesagt, sie war schon sehr beunruhigt, weil sie uns früher erwartet hat. Mama hat gesagt, es waren so viele Leute unterwegs, und Oma hat Papa gefragt, warum er nicht die Abkürzung genommen hat. Papa hat gesagt, er holt die Koffer aus dem Auto.

Omas Haus ist phantastisch! Da gibt es viele lustige Sachen zu sehen, und ich bin gleich losgelaufen, bis in den Hühnerstall.

»Nick«, hat Mama gerufen, »komm und wasch dich! Dieses Kind bringt mich noch um.«

»Lass ihn doch«, hat Oma gesagt, »er ist doch da, um Spaß zu haben, das kleine Schätzchen.«

Die Oma ist mit mir gekommen, und sie hat mir gesagt, heute Nacht legen die Hühner überall Schokoladeneier, und morgen früh kannst du sie suchen. Ich weiß ja, das ist Schwindel (vor allem, seit ich groß bin), aber ich habe »O ja« gesagt, Oma zuliebe. Das Gute ist ja, dass Oma die Eier schlecht versteckt, damit ich sie leichter finde.

Dann hat Oma mir ihre kleinen weißen Kaninchen in den Käfigen gezeigt. Die Kaninchen haben rote Augen – so wie Chlodwig, wenn er von der Lehrerin ausgeschimpft wird –, und sie können mit den Nasen wackeln. Georg macht das oft in der Pause, damit wir lachen.

»Schenkst du mir eins von den kleinen Kaninchen, Oma?«, habe ich gefragt. – »Weißt du«, hat Oma gesagt, »so ein kleines Kaninchen wird nicht glücklich in der Stadt.«

Da habe ich gesagt, gut, ich nehme kein Kaninchen mit. Ich hab so kleine Kaninchen gern, und ich will nicht, dass sie unglücklich werden.

Dann haben wir zu Abend gegessen – sehr gut! Es gab Suppe, Kaninchen und Pudding. Nach dem Essen wollte ich gerne noch länger aufbleiben, aber ich war sehr müde, und ich bin raufgegangen, um mich schlafen zu legen. Papa ist in den Keller gegangen, um die Sicherungen nachzusehen. Oma hat gesagt, die sind nicht alle in Ordnung.

Am Morgen bin ich schon früh wach geworden, und das ist schön, frühmorgens bei Oma: Man hört die Hähne, die Kühe und die Hunde. Ich habe Papa und Mama aufgeweckt, aber Papa hat mir mit geschlossenen Augen gesagt:

»Nick, sei so gut, lass mich bitte in Ruhe!« Papa hat sich sehr traurig angehört, da habe ich ihn in Ruhe gelassen.

Oma ist schon in der Küche gewesen, sie hat mich geküsst, und sie hat gesagt, ich bin ihr Schätzchen. Sie hat mir eine große Schale Milch eingeschenkt und eine Scheibe Brot mit viel Butter drauf und ein gekochtes Ei hingestellt. Sie hat gesagt, wenn ich mit Frühstücken fertig bin, gehen wir die anderen Eier suchen, die richtigen, die aus Schokolade.

»Beeil dich«, hat Oma gesagt, »in der Zwischenzeit wecke ich Papa und Mama.« Ich habe schnell gegessen. Das riecht gut, das Frühstück in Omas Küche!

Papa und Mama sind hinter Oma in die Küche gekommen. Papa hat seinen Bademantel angehabt und war noch nicht gekämmt.

»Beeil dich«, hat Oma zu Papa gesagt, »du musst mir etwas Holz sägen, und dann sind noch ein paar andere Kleinigkeiten zu richten.«

»Ich denke, du hast einen Mann aus dem Dorf, der sich um solche Sachen kümmert«, hat Papa gesagt.

»Adrian?«, hat Oma gesagt. »Natürlich. Aber du kannst nicht verlangen, dass der an Ostern arbeitet, der Arme! Er ist bei seiner Familie und ruht sich aus.«

»Der arme Kerl«, hat Papa gesagt, und er hat tief geseufzt.

Dann hat Oma gesagt:

»Komm, mein Liebling, jetzt gehen wir die Schokoladeneier suchen.« Wir sind hinter das Haus gegangen, und ich habe die Eier schon im Gras liegen sehen, alle auf einmal.

»Sieh nur gut nach«, hat Oma zu mir gesagt, »ich glaube, ich habe die Hühner heute Nacht hier herum gackern hören.«

Oma zuliebe habe ich so getan, als ob ich die Eier suche, und ich habe gerufen:

»Oh – da sind ja welche!«

Da hat Oma mich wieder in den Arm genommen, und sie hat mir jede Menge Küsse gegeben, und sie hat gesagt, ich bin sehr intelligent, und ich bin ihr kleiner Mann und ein großes Schätzchen. Dann hat sie mich losgelassen, ich habe die Eier aufgenommen und bin mit Oma ins Haus zurückgegangen, um Papa und Mama die Eier zu zeigen und sie zu essen. Papa war hinter dem Hühnerstall damit beschäftigt, Holz zu sägen. Er hat komisch ausgesehen in seinem Bademantel und mit den Pantoffeln, aber weil er so eifrig bei der Arbeit war, habe ich ihn nicht stören wollen. Mama hat mir gesagt, die Eier sind ja sehr hübsch, aber ich soll sie nicht sofort essen, sonst habe ich nachher keinen Appetit mehr.

»Ach, lass ihn doch«, hat Oma gesagt. »Das kann ihm doch nicht schaden.« Meine Oma ist klasse.

Die Eier habe ich fast alle aufgegessen – bis auf einige, nämlich ich fing an, merkwürdig müde zu werden. Ich habe mich hinter das Haus in die Sonne gesetzt, da habe ich allmählich Bauchschmerzen gekriegt. Oma ist rausgekommen, um nach mir zu sehen, und sie hat gesagt:

»Wie brav du bist, Nick – willst du nicht ein bisschen spielen? Dann kriegst du richtig Hunger auf das Hühnchen in Sahnesauce, das es zum Mittagessen gibt.«

Aber da ist mir sehr schlecht geworden, Mama hat mich in den Arm genommen und auf das Sofa im Wohnzimmer gelegt.

Oma, die sah sehr besorgt aus, sie hat Mama gefragt, ob ich denn diese Krankheit öfter habe und ob man nicht den Doktor holen sollte.

»Was mich betrifft«, hat Papa gesagt, der kam gerade dazu, »mir würde etwas Jodtinktur und Verbandsmull genügen. Ich habe mir drei Finger geschnitten an deiner Säge.«

»Ach was, Schwiegersohn«, hat Oma gesagt, und sie hat gelacht, »stell dich nicht so ungeschickt an!«

»Auf jeden Fall«, hat Papa gesagt, »habe ich genug Holz gesägt, um das Haus ein paar Monate zu heizen. Aber was mich wundert: In dieser Gegend wird es doch nie so richtig kalt – wozu brauchst du so viel Holz?«

»April, der macht, was er will«, hat Oma gesagt, »außerdem hat Adrian dann weniger Arbeit, der wird alt, der Gute.«

Papa hat Oma angesehen, und dann hat er gesagt, er geht sich anziehen.

Mittags, bei Tisch, ist Oma sehr traurig gewesen, weil Mama nicht erlaubt hat, dass ich von dem Hühnchen in Sahnesauce esse.

»Ach, das wird ihm schon nicht schaden«, hat Oma gesagt, aber Mama hat darauf bestanden, dass ich nur Gemüse bekomme.

Ich habe Mama gehorcht, wie immer, aber vor allem, weil ich wirklich keinen Hunger gehabt habe. Ich glaube, das ist von den Schokoladeneiern gekommen. Nach dem Mittagessen hat Mama gesagt, wir machen alle ein kleines Schläfchen, und danach werde ich mich schon besser fühlen. Ich habe gesagt, einverstanden, und ich habe mich schlafen gelegt, während Papa das Gittertor repariert hat, das klemmte.

Ich habe ganz fest geschlafen, und als ich aufgewacht bin, habe ich mich wieder gut gefühlt. Ich bin in den Garten gegangen und habe die Schokoladeneier gegessen, die noch übrig waren. Papa war dabei, den Rasen zu mähen, und er hat mit leiser Stimme vor sich hin geredet, ich habe aber nicht verstanden, was er gesagt hat. Oma hat mich gesehen, sie hat mich geküsst, hat mich bei der Hand genommen und gesagt, sie hat eine Überraschung für mich.

In der Küche hat sie die Tür zugemacht, und sie hat mir von dem Hühnchen in Sahnesauce gegeben, das vom Mittagessen übrig war. Sehr gut! Danach sind wir in den Garten gegangen und haben Papa getroffen, der hat gesagt:

»So, dein Rasen ist geschnitten, steht sonst noch was zu Diensten?«

»Ruhe dich ein bisschen aus«, hat Oma gesagt. »Ist ja wahr, du bist ständig in Bewegung. Du solltest die Ferien genießen, mein Junge, du siehst ja noch schlechter aus als bei eurer Ankunft! Die paar Kleinigkeiten kannst du morgen noch machen ...«

»Ja, nur ...«, hat Papa gesagt, »die Sache ist die, morgen werden wir nicht mehr hier sein ... Ich habe beschlossen, heute Abend schon zurückzufahren. Ich muss übermorgen früh wieder im Büro sein und will mir die Staus bei der Rückfahrt ersparen.«

Oma ist nicht einverstanden gewesen. Sie hat gesagt, das ist doch Unsinn, so eine lange Reise für den kurzen Aufenthalt. Und sie hat ihren Enkel noch gar nicht richtig gesehen, und sie will von Abreise nichts hören. »Bedaure, Schwiegermama«, hat Papa gesagt, »aber wir müssen zurückfahren.«

Und er ist ganz ernst gewesen.

Da ist Mama gekommen, und sie hat zu Oma gesagt, es ist in der Tat vernünftiger, heute Abend noch zurückzufahren, da hat Oma gesagt, ach, natürlich will niemand bei einer alten Frau bleiben, und sie versteht, dass sie für alle nur eine Last ist, und niemand liebt sie, das macht ihr nichts aus, aber man könnte ruhig ein bisschen freundlicher zu ihr sein, wo sie doch nur noch wenige Jahre zu leben hat.

»Komm, nun übertreib mal nicht«, hat Papa gesagt, »du wirst uns alle noch überleben.«

Also – das hat mir Angst gemacht, und ich habe angefangen zu weinen, alle haben mich getröstet, und Mama hat zu Oma gesagt, sie kommt doch bald wieder zu uns, und Oma hat gesagt, einverstanden, sie macht das Abendessen früher, und Papa kann ihr die Blendläden vor dem Schlafzimmer noch vor der Abfahrt reparieren.

Wir haben sehr früh zu Abend gegessen, und während Papa die Koffer in den Wagen gebracht hat, hat Mama uns einen Korb mit hartgekochten Eiern, Butterbroten mit Hühnchen in Sahnesauce und Bananen vorbereitet. Dann hat Papa uns gerufen, Oma hat mich mit Tränen in den Augen geküsst – arme Oma, sie hat Mama umarmt und Papa die Hand gegeben, und dann ist das Auto nicht angesprungen.

Papa hat ein paarmal mit der Faust auf das Lenkrad geschlagen, aber das hat nichts gebracht. Da hat er gefragt, ob es denn hier in der Gegend eine Autowerkstatt gibt, und Oma hat gesagt, ja, am anderen Ende vom Dorf. Und Papa hat gesagt, er geht hin.

»Kann ich mit dir gehen, Papa?«, habe ich gefragt.

Papa hat mir nicht einmal geantwortet, und Mama hat mir gesagt, es ist vielleicht besser, Papa jetzt nicht zu stören, denn er macht sich Sorgen.

Wir haben lange gewartet, und dann haben wir Papa mit einem Herrn in Holzschuhen und schmutzigen Hosen zurückkommen sehen, der kaute an einem Strohhalm.

»Der Herr ist freundlicherweise mitgekommen, obwohl seine Werkstatt heute geschlossen ist«, hat Papa erklärt.

»Jep«, hat der Herr gesagt, er hat in den Motor geschaut und sich am Kopf gekratzt. Dann hat er die Hände in die Hosentaschen geschoben und hat gesagt: »Jep – genau, was ich mir gedacht habe.«

»Können Sie das sofort in Ordnung bringen?«, hat Papa gefragt.

»Nein«, hat der Herr gesagt. »Ich habe die Ersatzteile nicht, die muss ich über den Händler bestellen. Ich glaube nicht, dass er sie hat. Normalerweise geht das nie kaputt, das Teil. Das ist das erste Mal, dass ich eins zu sehen kriege, das kaputt ist.«

»Und morgen früh – was meinen Sie?«, hat Papa gefragt.

»Ostermontag? … Sie machen wohl Witze«, hat der Herr gesagt. »Nicht vor Dienstag … dann habe ich die Teile Mittwoch oder Donnerstag. Vor dem Wochenende kann ich Ihnen das machen, jep.« Und er ist gegangen.

Papa war nicht zufrieden. Aber da hat Oma ihm gesagt, es gibt einen Zug um drei Uhr nachmittags, und ihr Nachbar, Herr Patzel, ist sicher bereit, uns morgen mit seinem Lastwagen zum Bahnhof zu fahren. Ich war sehr froh, denn da konnten wir noch einen Ferientag länger bei Oma bleiben. Mama hat mich beiseite genommen, und sie hat gesagt, wir müssen besonders nett zu Papa sein, der ist ein bisschen nervös. Am nächsten Morgen hat Papa noch Zeit gehabt, den Hühnerstall auszumisten und den Geräteschuppen zu streichen. Wir haben früh zu Mittag gegessen, und dann hat Herr Patzel uns abgeholt. Die Fahrt in dem Lastwagen war super, natürlich hat es nicht besonders gut gerochen, Herr Patzel hat uns erklärt, wenn er zum Bahnhof fährt, hat er gewöhnlich Tiere drin. Der Zug ist voll gewesen, aber

Mama hat in einem Abteil einen Platz gefunden, und sie hat mich auf den Schoß genommen. Papa hat im Gang bleiben müssen, aber der macht das gern, denn da kann er rauchen.

Wir sind erst spät in der Nacht zu Hause angekommen, und wir waren froh. Papa hat Glück – der kann nächsten Sonntag wieder zu Oma fahren, um sein Auto abzuholen. Das wird ihm guttun, noch mal ein bisschen Ruhe zu haben. Mama und ich, wir haben bei der Rückfahrt gedacht, er sieht doch ein bisschen müde aus. Jedenfalls waren das schöne Osterferien, und ich wünsche allen, dass sie auch so schöne haben.

Gründonnerstag

Im donnerlosen Raume
schweben weiße Vögel um gläserne Harfen.

In den Furchen der Frühlingsäcker
flutet grüner Saft des Lebens;
gesammelt, ein Strom, wandert er auf Golgatha zu,
um sich in der kommenden Frühe – aschgrau die
   Wimpern der blutenden Sonne –
mit barbarischem Essig zu mischen.

Schädelstätte! Todesbaum! Waage des Himmels, die
   Gott wiegt!
Und morgen werd ich nicht im Paradiese sein,
sondern als Mahlstein Ängste zerreiben,
als Knecht der Erde Psalmen singen.

Feierabends gehe ich mit Magdalena auf dem
   Mühlteich spazieren.
Mag die Büßerin Sonne dann weinen,
mit zitterndem Munde das Brot kauen, dessen Korn
   ich mahlte!

Nacht wie Grab! Meine Beiwohnerinnen, die Engel,
  stöhnen in schrecklichen Träumen:
Mutter Maria kann die Rätsel der Sphinx nicht
  beantworten;
Josef lacht die vor Qual Sterbende schaurig aus.
Gott, der Vater, ist Optiker wie einst Spinoza.
Ergraut und erblindet, schleift er Linsen.

Mein Gott, mein Gott, wie schön die
  Mandelblüten von Zion, meinem Traum!

Die Charwoche in Wien

Es ist eine eigentümlich melancholisch sanfte Erinnerung, wenn ich nur den Namen dieser Woche nennen hörte; ein Stück meiner Heimat und Kindheit, ein liebes, reines, feierliches Stück derselben kömmt mit dem Namen zurück. Selbst die Jahreszeit, in welche dieses Fest fällt, wirkt mit, um den Eindruck hervorzubringen, den es macht. Auf den Feldern, die meinen Geburtsort umgaben, war der Schnee bereits weg, aber sie lagen noch naß und schwarz vor der Sonne; die Luft war schon mild und blau, aber die Bäume standen noch mit dem schwarzen, laublosen Gitter in derselben; die Wiesen begannen sachte zu grünen, und an dem Bache und an den Wasserfäden der Wiesengräben liefen bereits dunklere grüne Säume mit der Knospe oder gar schon der Blüte der Butterblume, welche Blume bei uns zu Hause den schönen Namen Osterblume führt – die ganze Frühlingssehnsucht, in allen Wesen, besonders aber in Kinderherzen lebendig, schlug bereits in heller Lohe auf: da kam noch die Charwoche dazu, diese magische Woche voll religiöser Feier und Gefühle, voll Mysterien und Geheimnisse, die mit zauberhafter Gewalt auf die jungen Herzen wirken. – Schon am Palmsonntage begann sie in unserer Kirche mit einem Walde aller möglichen Zweige, die Kätzchen tragen, welche Kätzchen man dort Palmen nennt, wahrscheinlich, weil man durch die Zweige jene Palmen repräsentiert, die einst dem einziehenden Heilande gestreut wurden – die Landleute der umliegenden Dörfer hatten den Wald in die Kirche gebracht, und fast jeder Mann hielt einen Palmenstamm empor, den er schlank und zierlich aus trockenem Fichtenholze geschnitzt hatte, und an dessen Spitze sich ein dichter Busch von Palmen, das heißt von jenen Kätzchenzweigen ausbreitete, untermischt mit dem dunklen Grün der Tannen, die dem Ganzen eine düstere, ernste Feier gaben, namentlich, wenn der sanfte blaue Weihrauch der Kirche durch ihre Zweige quoll und über den Wipfeln die ruhigen Orgeltöne hinschwammen. Dann kam der Montag, und die Vorbereitungen begannen zu dem traurig feierlichen Feste. Die Altäre waren von oben bis unten mit Schwarz behängt; statt der wehenden Fahnen der Zünfte standen die nackten Stangen empor; ein emsiges Hämmern und Sägen hörte man des Nachmittags aus der Kirche – ein Gerüste erhob sich – ungewöhnliche, feierliche Kirchengebräuche geschahen in den Vormittagen, dann hörte jedes Glockenläuten, selbst das Schlagen der Uhren auf, was auf mein Kinderherz den Eindruck der tiefsten Trauer machte, in der Kirche aber stand das schwarze Grab mit seinen flimmernden Lampen von düsterem Rot und Grün und Blau, und die andächtige Menge kniete davor, in tiefer, lautloser Stille betend, und in tiefer, lautloser Stille knieten auch die zwei Kirchendiener als Wächter bei dem heiligen Grabe – so groß ist die Macht der dem Menschen angebornen Religionsweihe, daß mir als Kinde, wenn ich in jenen Tagen nur kaum erst die Schwelle der Kirche betreten hatte, schon die Schauer der Ehrfurcht ins Herz kamen, und daß ich mit tiefster Andacht und Zerknirschung vor dem heiligen Grabe kniete, das, obwohl von Menschenhänden gemacht, nun nicht mehr Holz und Leinwand war, sondern das bedeutete, was vor zweitausend Jahren als das Geheimnis der Erlösung geschah, und seither in der Seele der Menschen fortwirkte. Dann lösete sich gemach die Trauer: als Vorbote kamen schon Samstags vormittag die Glocken, ihr Ton war so erfreuend und noch Erfreulicheres kündend. Abends war das Fest der Auferstehung. Sonnenhell war es in der Kirche von hundert funkelnden Kerzen; erhabene Musik rauschte, und die Menschen waren geputzt, um jenes Ereignis zu feiern, das als das größte Wunder, als der Grund des Glaubens anerkannt wurde, die Auferstehung. So freudenreich ist dies Ereignis, daß bei uns die fromme Sage geht, die Sonne gehe am Ostersonntage nicht wie gewöhnlich auf, sondern hüpfe dreimal freudig empor. Jeden Ostersonntag wollte ich das Wunder ansehen, aber jedesmal verschlief ich es – und als ich so groß gewachsen war, daß ich es nicht mehr verschlief, da glaubte ich es nicht mehr. Des andern Tages beim Hochamte leuchteten alle Altäre, hingen die Zunftfahnen in schwerer Seide herab, wallte der Weihrauch, ertönte die Musik, und am Altare klangen die feierlichen Hymnen, und freudig ging ich aus der Kirche, daß die Trauer so zum Jubel geworden, aber auch traurig, daß die schöne Woche vorüber ist, und nun eine Reihe ordinärer Tage folge.

Was ich auch seitdem geirrt und gesucht, wie ich gestrebt, wie ich errungen und verloren, wie ich glücklich und unglücklich war, was sich auch immer geändert: jenes tiefe religiöse Gefühl für diese bedeutungsvollste Woche der Christenheit hat mich nicht verlassen, und immer ist mir die Charwoche die heiligste, feierlichste Zeit geblieben. Als ich nach Wien kam und ein Bewohner der großen Stadt wurde, und die erste Charwoche erlebte, da berührte es mich freilich unangenehm, daß es hier so ganz anders sei, als es seit meiner Kindheit in meinem Herzen nachdämmerte – ich hatte nämlich den Eindruck meiner Kindheit hier verloren, und den hiesigen, wenn er von allen Unwesentlichkeiten entkleidet wurde, noch nicht gewonnen. Ich konnte eben damals von den Unwesentlichkeiten nicht absehen und glaubte, das Fest werde von ihnen gestört. So meinte ich zum Beispiel, alle Buden und Kaufgewölbe müßten in jener Woche geschlossen sein, weil auch in meinem Geburtsorte jede knechtliche Arbeit in derselben ruhte; hier aber drängte sich die kirchliche Feier und die industriöse Bestrebung für mein Auge zu hart an einander. Ferner, in meiner Heimatkirche kniete alles vor dem Grabe, oder stand andächtig davor, oder saß betend in den Stühlen; hier aber erlebte ich, daß Gruppen in der Kirche herumgingen und bloß neugierig alles anschauten, daß man ein- und ausging, wie in einer andern Halle, daß draußen dem Kirchtore vorbei die Wägen rasselten, ja daß Leute bei dem einen Kirchtore herein-, bei dem andern hinausgingen, ohne sich weiter aufzuhalten, daß man mit einander sprach und sich die Kritik über die kirchliche Anordnung zuflüsterte, und daß man endlich von einer Kirche zur andern, von einem Grabe zum andern ging, bloß um die hier übliche Gewohnheit des Gräberbesuchens mitzumachen. Es berührte mich, wie ich sagte, unangenehm – ›wo ist hier die heilige, die tiefe, die stille Feier deiner Kindheit?‹ rief es in mir, und ich war so entrüstet, daß ich durch mehrere Jahre meines ersten hiesigen Aufenthalts in dieser Woche gar nicht ausging, um sie nicht profanieren zu sehen. Aber wie die Gewalt der Dinge langsam, jedoch sicher wirkt, so geschah es auch, daß, als ich wieder einmal die Feier der Charwoche besuchte, dieselbe auf ganz andere Weise in meine Augen fiel als sonst. Ich hatte eben in der Zeit Hauptstadt-Augen bekommen; die Einseitigkeit und die harte Intoleranz des Provinz-, ja eigentlich des Waldbewohners hatte sich abgestreift; ich hatte Menschen achten gelernt in dem, was sie sind, und nicht sogleich *ver*achten in dem, was sie nicht sind, ja auch die nicht gänzlich wegzuwerfen, die *nichts* sind (gleichsam der leere Raum zwischen den Weltkörpern), wenn sie nur nicht positiv etwas werden, nämlich Zerstörer an der sittlichen Welt – darum erkannte ich, daß der heilige Ernst der Kirchenfeier gerade in der Hauptstadt hart neben dem Bestreben der Industrie und neben dem Leichtsinne des Müßigganges bestehen müsse, ja, daß gerade dieses harte Nebeneinanderstehen etwas Tragisches habe, und ein eindringliches Bild des Lebens sei, dem festen Herzen zeigend, wie hoch das, was immer und allzeit an der Menschheit das Heilige war, über dem Treiben und Genießen des Tages stehe, wenn dieser Zwiespalt auch das idyllisch weiche Gemüt beleidigt.

So steht denn auch in Wien in keiner Zeit des Jahres dieser Gegensatz schroffer da als gerade in der Charwoche. In allen Kirchen beginnt die Feier dieser heiligen Zeit, und in vielen Herzen aufrichtig und ernstlich mit – dann aber gibt es viele andere, die das Fest mit begehen, weil es einmal so ist; sie denken eben nichts Gutes und Schlechtes, nur zuweilen sind sie gerührt, – endlich kommen die, denen es Gelegenheit zu Schaugepränge wird, und die da kommen, um zu sehen und gesehen zu werden: immer aber ist es noch ein Herüberwehen jenes Geistes aus einer einstigen schöneren, tieferen, religiöseren Zeit, das die Menschen gerade dieser Tage gleichsam zu einer Feier im großen auf die Gassen und Plätze treibt, um sich da zu ergehen und das allgemeine Gepränge zu heben – wenn gleich jener Geist nur in dem tieferen Herzen noch fühlbar ist, indes er die Massen herausführt, ohne daß sie von ihm wissen; denn bei wie vielen mag es bloß darum sein, daß sie herausgehen, weil es so Sitte ist, und bei wie vielen sind es noch schlechtere Motive, die sie regieren, wie es ja bei einem Zusammensein so vieler Menschen nicht anders denklich ist.

Dem äußern Anblick nach ist die Sache so: Wenn die Zeremonien in den vielen Kirchen Wiens beginnen, so bemerkt man schon ein regeres Wandeln auf der Gasse und ausgezeichnetere Anzüge als zu jeder andern Zeit, vollends aber erkennbar wird es erst dann, wenn die Gräber aufgebaut stehen, und die Andacht zu denselben beginnt. Da sieht man ganze Familien, ehrbar angezogen, über die Gasse schreiten; Menschen, die das ganze Jahr nicht in die Stadt hereinkommen, verlassen ihre Wohnung in der entfernten Vorstadt, um ein oder das andere heilige Grab in der Stadt zu besuchen, zu dem sie schon von Alters her eine besondere Andacht hegen; manche hohe Dame steigt vor der Kirche aus ihrem Wagen und läßt sich von ihrem Diener das schwerbeschlagene oder in Samt gebundene Gebetbuch reichen, eine Versammlung von Kutschen wartet auf ihre Herrschaften vor der Kirchtüre; Neuvermählte gehen zum ersten Male heuer ihren Gräberbesuch zu machen, manche Mütter mit ihren Töchtern, manche einsame Matrone geht aus ihrer Wohnung, um ihre Andacht zu verrichten, wobei es Sitte ist, daß man nicht etwa nur ein einziges oder zwei Gräber besuche, sondern in der Regel werden alle in der eigentlichen Stadt befindlichen nach der Reihe besucht, so daß es in jenen Tagen den Anschein gewinnt, als wenn die ganze Bevölkerung Wiens auf der Wanderung wäre, und zwar in ihrem Staate, in sonntäglichen und Feierkleidern, daher es sehr leicht seine Erklärung findet, was ich einmal aus dem Munde eines Fremden bemerken hörte, daß man gerade in der Charwoche in Wien die schönsten Kleider und die schönsten weiblichen Angesichte zu sehen bekomme. Daß von dem bloßen Müßiggange, von der Putzsucht und Frivolität diese Zeit auch benützt wird, um ihren Götzen Opfer zu bringen, ist wohl begreiflich; daher zu gewissen Stunden ein ganzer Strom von geputzten Menschen durch die Gassen geht, ja daß die ganze äußere Erscheinung in den Straßen zuletzt in ein bloßes Spazierengehen ausartet. So ist es zum Beispiel gerade am Charfreitage und Samstage gegen die Abenddämmerung Sitte, daß man im höchsten Putze über den Kohlmarkt, Graben und Stephansplatz spazieren geht, von welcher Sitte auch so reichlich Gebrauch gemacht wird, daß buchstäblich Mensch an Mensch nebeneinander geht, und daß auch die, die sonst immer zu Wagen sind, hier zu Fuße erscheinen, und ein breiter, glänzender Strom von Menschen über die ganze Straße ausgegossen ist, selten von einem fahrenden Wagen gestört, da eben in jenen Momenten fast alles geht, ungleich dem ersten Mai, wo wieder alles fährt. Trotz der augenfälligen Sucht, hier den größten Kleiderprunk zur Ansicht zu bringen, bemerkt selbst das an Harmonie und Schönheit gewöhnte Auge keinen Verstoß gegen den eigentlichen Charakter der Zeit; denn insbesonders das weibliche Geschlecht unserer Hauptstadt hat einen eigentümlichen Takt, hier, wenn auch seine schönsten, doch solche Kleider zu wählen, die dem Ernste, der Ruhe, und der Feier der Zeit nicht nur keinen Eintrag tun, sondern sogar dieselbe empor heben. Einzelne Grisetten oder Närrinnen, die durch Übertreibung wirken wollen, können dem Charakter des Ganzen schon darum keinen Abbruch tun, weil sie in der Masse doch verschwinden, wenn sie auch im Augenblicke des Vorüberwandelns mißfällig erscheinen mögen. Diese feierliche Abendpromenade dauert gewöhnlich bis in die Nacht hinein, wo es nach dem Anzünden der Laternen nach und nach aufhört und dem gewöhnlichen Treiben des Tages Platz macht.

Tritt man im Laufe der drei letzten Tage der heiligen Woche in das Innere einer Kirche, so haben fast alle dasselbe Ansehen. Sankt Stephan hat seine Riesenglieder in Trauer gehüllt; ein düsteres Dunkel herrscht durch die großen Räume; einer der Seitenaltäre ist zu dem schönen, einfachen Grabe des Heilandes eingerichtet, und eine andächtige Menge knieet dicht gedrängt davor. Wie der Tod alle gleich macht, so auch die Begeisterung und die Religion. Neben der Fürstin, hinter welcher der reichgekleidete Diener steht, harrend, daß er ihr beim Hinausgehen Platz mache, knieet die Bettelfrau, und manchesmal mag es sich wohl zutragen, daß die Fürstin eben so inbrünstig um Abwendung ihres Wehes zu dem Grabe des Heilandes beten mag, als die Bettelfrau um Abwendung des ihrigen.

In den Stühlen sitzen die andächtigen Gruppen herum; bei den Fenstern spinnen die Frühlingssonnenstrahlen herein, und eine solche Stille ist in der weiten, dämmerigen Kirche, daß man die Fußtritte der Gehenden und Kommenden hört, und das Flüstern der bloß Neugierigen vernehmlich wird – nur draußen geht das dumpf hereintönende Brausen und Arbeiten des Tages fort, und wenn man aus dem Tore der Kirche hinaustritt, so schlagen einem Licht und Lärm entgegen, und werden augenblicklich als ein harter Gegensatz gefühlt zu der schwermütig schönen Poesie, die in dem ernsten, großen Baue liegt, den die einfältige und fromme Kraft unserer Voreltern aufgetürmet hat. Und in der Tat, ich weiß nicht, ist es die Gewalt der Andacht in dieser heiligen Zeit, oder wirkt die Erhabenheit des Baues mit: wenn man so die Mienen der Heraustretenden ansieht, so haben sie etwas Feierliches, und selbst das Gesichtchen des Bürgermädchens, das vielleicht nicht bald irgendwo so schön und lachlustig angetroffen werden dürfte als in Wien, selbst dieses Gesichtchen, der treue, aber schönere Abdruck der ältern, neben ihr gehenden Mutter, sieht sehr ernsthaft und gesammelt aus, und läßt demütig die Augenlider sinken über den einzigen Schalk, den sie sonst vielleicht nicht völlig zu verbergen im Stande wäre – und in Wahrheit, wenn man die Herausgehenden an mehreren Kirchen beobachtet, so bilde ich mir ein, jederzeit bei Sankt Stephan den größten Ernst und die größte Feierlichkeit auf den Angesichtern gesehen zu haben, so daß wohl die Erhabenheit und Wunderbarkeit des Kunstwerkes mit seiner Gewalt auf die Herzen wirken mochte, wenn sie es selber auch nicht immer wissen.

Wie bei St. Stephan ist es mehr oder minder auch in den andern Kirchen, je nachdem ihr Raum es gestattet. Bei Sankt Peter ist ein schönes, fast heiteres Grab, und vorzüglich und herzerhebend sind dort die sogenannten Lamentationen – bei Maria am Gestade ist eine große Lichtermasse und eine Fülle der schönsten Blumen – und so hat jede Kirche der Stadt und die unzähligen der Vorstädte ihre eigentümliche Grabesfeier, und wenn man bedenkt, daß ein großer Teil der Wiener Bevölkerung die Meinung hat, die Andacht habe einen desto größern Wert, bei je mehr Gräbern sie verrichtet wird, so kann man sich eine Vorstellung machen von dem Menschengedränge in den Straßen. Es ist dies die einzige Zeit des Jahres, wo die Kirchengänger vor der übrigen Volksmenge auffallend werden und der Stadt ein feierliches, gottesdienstliches Gepränge geben.

Am belebtesten ist der Samstag abends, vielleicht der belebteste Tag des ganzen Jahres in Wien. Die Auferstehung wird in den mehr als hundert Kirchen, in jeder mit der ihr möglichst größten Pracht gefeiert, und da dies nicht überall zu gleicher Stunde geschieht, so beginnt bereits um zwei oder drei Uhr nachmittags das Gedränge auf den Straßen; es ist *buchstäblich* ein Gedränge, durch das es stellenweise schwer wird durchdringen zu können; reitende Polizei und Militär muß aufgestellt sein, um Ordnung zu handhaben und über Sicherheit zu wachen, namentlich geht gegen vier Uhr der drängende und glänzende Zug den Kohlmarkt entlang, der k. k. Hofburg entgegen, wo die Auferstehung durch eine feierliche Prozession auf dem Burghofe gefeiert wird, der die Glieder der allerhöchsten Familie, dann die hohen Würdenträger und Militärs in glänzendsten Uniformen beiwohnen, und die das Schönste und Feierlichste ist, was man an diesem Tage sehen kann. Da aber des sonst zu großen Volksandranges wegen der Burghof durch Militär abgesperrt ist, so sucht jeder, der nur irgend einen Bekannten in der k. k. Burg hat, ein Plätzchen an einem der Fenster zu gewinnen, die den Burgplatz umgeben, damit er die Feier sehen könne, und die, welche keinen Freund oder Bekannten haben, bestreben sich dennoch, durch einen oder den andern Eingang hinein zu kommen und irgendwo ein Zuschauerplätzchen zu gewinnen. Da aber alle Tore und Pförtchen durch Wache besetzt sind, so stauet sich vor ihnen die Strömung auf, insbesondere da es doch der einen oder andern Gruppe gelingt, durch Unterhandlung und List oder ein klein bißchen Gewalt einzudringen, was die Hoffnung der übrigen wieder anspornt, stehen zu bleiben und auszudauern, da sie gar wohl wissen, daß der österreichische Soldat viel zu gutherzig ist, als daß er gar arg mit dem Kolben gegen seine Landsleute stoßen sollte, vorzüglich, da es sich hier gar nicht um das Heil des Landes handelt, und es einerlei ist, ob noch ihrer zwanzig mehr drinnen sind oder nicht – und wenn sie auch nichts mehr sehen können, so stehen sie dann doch ruhig und sicher in dem dunklen Gange und hören die Gesänge des Umganges hinein. Diejenigen, welche durchaus nicht eindringen können, begnügen sich mit der Lust, die in ihren Uniformen auffahrenden Chargen zu beobachten und zu bewundern, welche der Prozession beizuwohnen haben. So ist in jenen zwei Stunden die Hofburg dicht von einem Schwarme von Menschen belagert, aber von geputzten, friedlichen, schaulustigen Menschen. Wenn nun die Feier vorüber und der freie Durchgang wieder geöffnet ist, so versiegt und verrinnet die Menge in die anstoßenden Gassen.

Gehen wir nun auf den Platz von Sankt Stephan.

Eine den Platz erfüllende Masse von Volk steht auch hier um die Kirche, das schwarze Gebäude steigt wie ein Gebirge aus der bunten Menge empor, und die tiefen Klänge der großen Glocke fallen von dem Turme nieder, so wie von allen andern Kirchen der Stadt und der Vorstädte ein zusammenklingendes Läuten über die Häuser hinwallt. Das Riesentor ist geöffnet (das Haupttor, welches nur bei besonders feierlichen Gelegenheiten aufgetan wird). So viel tausend Menschen außerhalb, teils aus Andacht, teils aus Gewohnheit, teils aus Neugierde stehen mögen, so viele sind darinnen, wie sie nur immer der große Raum des Gebäudes zu fassen im Stande ist. Die Bürgergarde ist im mittleren Schiffe aufgestellt; die Stadtbehörden erscheinen; ein wahres Heer von Lichtern wird angezündet, und dennoch (und gerade dies gibt einen Begriff von der ungeheuren Größe des Bauwerkes) und dennoch vermag dieses Licht nicht in alle Räume zu dringen; denn hoch oben in den Spitzbögen wohnt die Dämmerung und die Finsternis, was, da man die Verzierungen und steinernen Ornamente nicht mehr sehen kann, dem Dome erst recht das Ansehen der Unendlichkeit gibt. Nun ertönen die Klänge der Riesenorgel (die ebenfalls, wenn ich nicht irre, nur dreimal des Jahres gespielt wird), und der Prozessionszug beginnt, von der hohen Geistlichkeit, von den Staatsbehörden und den Bürgergarden begleitet. Es ist eine wahrhaft erhabene Feier in diesem Gebäude, bei dieser Gewalt der Töne, die vom Chore und von dem Turme fließen, und bei dieser Entwicklung und Entfaltung kirchlicher Pracht. Auch empfinden es die meisten Menschen; denn zu keiner Zeit, den Mitternachtgottesdienst am Christabend etwa ausgenommen, ist die Kirche so gedrängt voll, als am Auferstehungsfeste, und selbst auf die Stühle steigen die Entfernteren, um die Feier sehen zu können.

Wenn der letzte Klang vom Turme Sankt Stephans gefallen ist, die Menschen aus den Toren der Kirche herausströmen, und auch all die andern Türme der Stadt schweigen: dann beginnt ein anderes, von dem früheren sehr verschiedenes Schauspiel. Da nämlich der Ostersonntag ein sogenannter gesperrter Tag ist, das heißt ein solcher, an dem selbst die gewöhnlichsten Lebensbedürfnisse nicht verkauft werden dürfen, so öffnen sich nun, nachdem man die Laternen angezündet hat, alle möglichen Buden, worin Lebens- und Luxusgegenstände für den folgenden Tag zu haben sind, und da der Wiener gerne gut ißt, und an großen Festtagen wo möglich gerne am besten ißt, so fängt nun ein Laufen und Rennen nach Versorgung für den folgenden Tag an, und die heimkehrenden Kirchgänger begegnen den forteilenden Mägden und Frauen, die da große Körbe an dem Arme tragen, um noch einen schönen und vortrefflichen Braten für morgen zu erjagen. Der grüne Markt ist mit tausend Lichtern bewegt, Kirchenleute und Einkäufer sind durcheinander gemischt, an den Fleischer- und Räucherbuden herrscht Geschrei und Gedränge, in den Viktualien- und Bäckerläden ist alles glänzend ausgestellt, daß man Ostereier und Osterflecken kaufe. Der Hausvater geht nach Hause und bespricht sich mit den Seinen, wie es dort und da und wieder wo anders sehr schön gewesen sei, der

Junggeselle, der Pflastertreter, der Durstige wandern ermüdet in ein Gasthaus, erquicken sich und erzählen, was sie heute gesehen und erlebt – und steht erst eine recht schöne Nacht am Himmel, so daß Aussicht zu Promenaden und Ausflügen auf den morgigen Ostersonntag vorhanden ist, so ist ganz Wien selig und vergnügt, und der Charsamstag ist der schönste gewesen, der sich nur immer im Reiche der Möglichkeit erleben läßt.

STEFANIE VOR SCHULTE
All inclusive

Irene Bruch schaut in den Spiegel ihres fensterlosen Bade-
zimmers und sagt: »Du bist ein altes, versoffenes Loch,
Irene. Dass du dich nicht schämst.« Sie hebt das Schnaps-
glas, prostet sich zu und nimmt einen Schluck. Im trüben
Licht der Lampe über dem eingebauten Badezimmermö-
bel, das seit vierzig Jahren ihre Zahnbürste beherbergt, ihre
Gesichtscreme und früher auch den Rasierer ihres Mannes,
früher auch die Zopfbänder der Tochter und die Zahn-
spange des Sohnes, ist ihre Nase der am besten beleuchtete
Teil und wirkt riesig. Sie weiß schon gar nicht mehr, ob ihre
Nase wirklich groß ist, schon immer groß war, erst mit dem
Alter groß geworden ist.

Sie öffnet den Spiegelschrank und nimmt ihre Bürste.
Kämmt sich die Haare am Hinterkopf neu, dort, wo sie
nachts drauf gelegen hat und morgens die Strähnen platt
gedrückt sind, wie bei einer Puppe, die zu lange im Regal
oder in einem Koffer gelegen hat. Irene bürstet dagegen an.
Gegen das Unversorgte, zu lang Gelagerte. Sie trinkt den
Schnaps aus, spült das Glas, wischt das Becken trocken und
den Wasserhahn, der auch nach vierzig Jahren keine Kalk-
spuren hat. Das soll ihr mal einer nachmachen. Sie knipst
das Licht über dem Spiegel aus und sagt in den Schimmer
ihres weit entrückten Ichs: »Du bist ein altes, versoffenes

Loch, Irene. Aber mit den Wasserhähnen macht dir keiner was vor.«

Irenes Haus ist alt und ramponiert, aber ordentlich und sauber, was daran liegt, dass sie im eigentlichen Sinn gar nicht darin lebt. Nur wohnt. Es wohnlich hält, für wen auch immer. Sie selbst hält es überhaupt nicht darin aus. Ist in jedem Zimmer stets nur für ein paar Minuten Gast. Wechselt die Zimmer, die Stühle, die Aussicht. Tigert rastlos umher und kontrolliert die Dinge. Findet immer alles am selben Fleck. Uhren und gehäkelte Decken. Andenken und Vasen. Dabei würden andere sagen, hier ist es aber kahl. Hast du denn keine Bücher. Und Bilder. Hast du denn keine Bilder von deiner Familie.

Irene zieht die festen Schuhe an und stülpt sich die Mütze über. Es ist kalt genug für eine Mütze. Ein unförmiges, wolliges Ding, das sie auf einem Wühltisch im Supermarkt gefunden und nur gekauft hat, weil sie auch eine Flasche Schnaps kaufen musste. Den Mantel hat sie abgebürstet. Aus der Tasche fischt sie die kleine Metalldose mit den Pfefferminzpastillen. Irene geht es nicht darum, was die Leute denken. Sie denkt, es geht einfach niemanden etwas an. Deswegen bürstet sie den Mantel, der auch wie ein aufgeplatztes Kissen aussehen könnte, ihr selbst wäre es gleich. Sie trägt auch die festen Schuhe nur, damit sie keiner fragt, warum sie in Hausschuhen herumläuft. Ihr wäre es egal. Darum kämmt sie sich den Puppenwirbel weg, und wenn das Thermometer unter null zeigt, nimmt sie Mütze und Handschuhe. Die Pastillendose ist ein weiteres Zugeständnis an die Fassade, die sie aufrechterhält, damit ihr um Gottes willen niemand auf die Pelle rückt. Wie immer geht der Deckel nicht auf, und es kommt schon einer Gewohnheit gleich, dass sie sich bei dem Versuch entweder einen Fingernagel einreißt oder die Dose so abrupt aufspringt, dass die Pastillen unter die Kommode kullern.

Heute passiert jedoch nichts davon. Die Dose geht partout nicht auf, weshalb Irene den Brieföffner zu Hilfe nimmt. Das messerartige, sehr spitze Ding, in dessen Griff ein Bernstein eingelassen ist. Wer auch immer ihn in die Familie gebracht hat, irgendwann war er einfach da gewesen, und noch nie wurde mit dem Brieföffner ein Brief geöffnet, aber schon sehr oft wurde er in Konservendosen gerammt oder wurden hakelnde Schubladen damit aufgehebelt. Irene versucht, die Pastillendose mit dem Brieföffner aufzustemmen, rutscht jedoch unglücklich ab, knallt mit dem Ellbogen auf die Kommode, Spiegel und Hutablage stürzen durch die Erschütterung ab, Irene reißt die Arme schützend über ihren Kopf, dreht den Körper weg und fällt mit einem Schrei. Liegt bäuchlings am Boden. Neben ihr die freundliche Pastillendose, gut gefüllt und aufgeklappt. Noch liegend entnimmt Irene drei Pastillen, steckt sie sich in den Mund und lässt währenddessen ganz langsam die Frage zu, wo in diesem Durcheinander sich jetzt der Brieföffner befindet, und ob sein Verbleib mit dem stechenden Schmerz in ihrem Bauch zu tun haben könnte.

Es klingelt an der Tür.

Irene öffnet nicht, wenn es klingelt. Ihre unmittelbaren Nachbarn arbeiten, sind nie da, lassen sich aber Unmengen von Paketen liefern, deren Annahme Irene verweigert. Selbst wenn sie mit der Kaffeetasse am Fenster steht und der Paketbote nachdrücklich an ihre Scheibe klopft, sie nimmt nichts an. Sie erwartet keine Pakete. Sie erwartet keinen Besuch.

Wenn Edward Hansen klingelt, was er seit zehn Jahren, seit dem Tod ihres Mannes, regelmäßig tut, öffnet sie ihm ebenso wenig. Edward Hansen ist auf Gesellschaft aus. Er ist ein umtriebiger Mensch, der im Dorf seine Runden dreht. Frühstück beim Metzger. Kaffee in der Eisbar. Nachmittags klönt er hier und da, klingelt und lässt sich hereinbitten zu Puddingteilchen und Cognac. Am Abend ist er wieder beim Metzger anzutreffen. Zum Essen an den alten Tischen, zum Trinken an der Theke. Man könnte meinen, Edward Hansen hätte kein Zuhause. Hat er schon. Ist aber ein einsames, und er meidet es, solange sein Rheuma ihm das Weglaufen noch gestattet.

Bei Irene Bruch jedenfalls klingelt er vergebens. Dabei hat es eine Zeit gegeben, da ging er hier oft ein und aus. Spielte Karten mit Irenes Mann. Brachte das Abendessen durcheinander. Schlief bei der Tagesschau ein, als gehöre der Fernsehsessel ihm. Stand vorgebeugt und besah sich die alten Erbstücke und Dinge, die bei den Bruchs im Regal herumlagen und von denen niemand genau wusste, woher sie kamen und ob sie während schwieriger Zeiten nicht vielleicht in diesen Haushalt gewandert waren, obgleich sie einem anderen zugehörig zählten. Den Brieföffner besah sich Edward Hansen damals immer besonders genau. Aber das ist lange her. Irene ist Witwe, und ihre Tür ist zu für jedermann, also auch für Edward Hansen.

Aber wer zum Teufel klingelt um diese Zeit.

Eine ihr unbekannte junge Stimme ruft durch die Tür: »Frau Bruch. Sind Sie da? Ich weiß, Sie sind da. Bei Ihnen brennt Licht.«

Die Stimme fragt: »Frau Bruch. Brauchen Sie Hilfe?«

Die Stimme fragt: »Frau Bruch. Wenn Sie Hilfe brauchen und nicht antworten können, dann klopfen sie dreimal.«

Irene sagt: »Und was soll ich antworten, wenn ich tot bin?«

Die Stimme schweigt kurz.

»Frau Bruch. Mein Name ist Milena, und ich möchte meine freiwilligen Wochen hier in der Nachbarschaft ableisten.«

Irene sagt: »Auch das noch.«

Sie stemmt sich langsam in die Höhe, stützt sich an der Kommode ab, schüttelt sich die Scherbensplitter vom Mantel und steht langsam auf. Das Mädchen redet weiter auf Irenes Tür ein, und weil sie offensichtlich neu in der Gegend ist und nicht weiß, mit wem sie es hier zu tun hat, wird Irene ihr jetzt für dieses eine, nur dieses eine und einzige Mal die Tür öffnen und anschließend nie wieder.

Irene öffnet also und sieht sich einer jungen Frau gegenüber. Vielleicht achtzehn Jahre alt. Langes, dunkles glattes Haar und eine Brille. Sie lächelt breit und sagt: »Ich freue mich, dass wir miteinander reden können, Frau Bruch. Und dass es Ihnen gut geht. Es geht Ihnen doch gut, oder?« Und dann schlägt sich Milena die Hände vor den Mund, und als Irene an sich hinabschaut, denkt sie, aha, da ist der Brieföffner, denn das Heft mit dem Bernstein ragt aus ihrer Körpermitte hervor.

Irene sieht ein, dass man einen Arzt mit der Entfernung des Brieföffners betrauen sollte. Noch kommt kein Blut, und sie möchte eine größere Schweinerei vermeiden. Schon jetzt graut ihr davor, den praktischen Mantel in die Reinigung geben zu müssen.

Irene sagt: »Weil nur Schlafmützen in der Reinigung arbeiten. Wie ich den Laden kenne, werden die damit nicht fertig, ehe der Winter zu Ende ist.«

Milena versucht sich zusammenzureißen: »Schon gut, Frau Bruch. Nur nicht aufregen jetzt. Bleiben Sie ganz ruhig.«

»Ich bin ganz ruhig.«

»Ich rufe einen Krankenwagen.«

»Nein. Keinen Krankenwagen.«

»Ich rufe ein Taxi.«

»Nein. Kein Taxi.«

»Frau Bruch. Wollen Sie in Ihrem Zustand vielleicht mit dem Bus fahren?«

»Wo denken Sie hin«, sagt Irene. »Ich habe einen Wagen.«

»Ich habe aber keinen Führerschein.«

»Ich fahre selbst«, sagt Irene und schlägt mehrfach Milenas Hand weg, die sie auf dem rutschigen Weg zur Einfahrt stützen möchte, dabei jedoch dem Brieföffner zu nahe kommt, blass um die Nase wird und in Irenes schneebedeckte Hecke kippt.

Irene kratzt sich unter ihrer Mütze und macht: »Hm.«

Sie schließt den Wagen auf und bleibt jetzt doch etwas kurzatmig neben der Tür stehen. Es ist auch nicht ganz einfach mit dem neuen Utensil hinter das Lenkrad zu gelangen. Ungeduldig trommelt sie auf das Lenkrad, bis die junge Frau wieder zu Bewusstsein kommt und sich neben dem Fahrzeug aufrappelt. Sie hat einen langen Kratzer im Gesicht und scheint verwirrt.

»Zu viele Martinis?«, fragt Irene. »Oder was trinkt ihr jungen Leute so. Bier? Cocktails? Weinbrand?«

»Ich trinke nicht«, sagt Milena. Sie stolpert einmal um das Auto herum und kommt schleppend auf der Beifahrerseite an.

»Auch das noch«, murmelt Irene und lässt den Wagen aus der Einfahrt schlittern.

»Allmächtiger!«, sagt der junge Arzt in der Notaufnahme des Kreiskrankenhauses, als er Irene sieht, und sie fragt sich, seit wann die Ärzte aufgehört haben, Pokergesichter aufzusetzen und alle erdenklichen Diagnosen mit derselben Langeweile vorzutragen. Von *Sie haben einen verstauchten Knöchel* bis zu *Sie werden sterben* derselbe Gesichtsausdruck. Die guten alten Zeiten. Und was ist das jetzt? Diese neue Anteilnahme, von der alle Welt spricht?

»Wie ist das denn passiert?«, fragt der Arzt.

»Das geht Sie überhaupt nichts an«, sagt Irene.

Der Arzt wendet sich an Milena: »Wie ist das Ihrer Großmutter passiert?«

Milena sagt: »Wir sind nicht verwandt.«

Irene sagt: »Zum Glück.«

»Ich bin ihre Betreuerin.«

»Ist sie nicht!«, sagt Irene.

»Ist sie nicht?«, fragt der Arzt.

»Ich engagiere mich ehrenamtlich und arbeite gern mit alten Menschen.«

Irene sagt: »Nicht Ihr Ernst.«

Der Arzt angelt nach einer Schere. Als er Anstalten macht, sich damit Irene und ihrem Mantel zu nähern, lässt die das nicht zu. Auch die Drohung, anders wäre wohl kaum an die Wunde heranzukommen und das Vorgehen schmerzhaft, beeindruckt Irene nicht. Der junge Arzt wischt sich den Schweiß von der Stirn.

»Dann müssen wir Sie narkotisieren, Frau Bruch.«

Milena sagt: »Ich wäre dafür.«

Es klopft, und Kollegen kommen, die alle um ein Selfie mit der Brieföffner-Oma bitten. Gleichmütig zeigt Irene auf jedem Bild den Mittelfinger. Nicht ahnend, dass nur wenig später das Bild mit der Brieföffner-Oma an Freunde und Freundesfreunde gesendet wird, einmal um die ganze Welt reist und sich wie ein Lauffeuer die Frage entspinnt, ob der Unfallgegenstand womöglich kostbar wäre, woraufhin in Foren und Datenbanken gesucht und verglichen wird und sich herausstellt, dass der Brieföffner zu einem Set gehört, welches als verschollen gilt, während der Rest des Ensembles – Tintenfass mit Bernsteinverschluss, Schreibfeder mit Bernsteingriff, Schreibunterlage aus Leder – im Besitz eines Ortsansässigen namens Edward Hansen ist. Ob da in den Wirren schwieriger Zeiten etwas abhanden geraten war? Ob es da nachzufassen galt?

Milena hält während der kurzen Narkose, Untersuchung, dem Entfernen des Gegenstandes und der Wundversorgung die Hand von Irene Bruch. Diese Hand, die zwar leblos wie ein toter Fisch in der Hand der jungen Frau liegt, aber nicht weggezogen wird.

Irene Bruch hat Glück. Der Brieföffner hat keine Organe verletzt. Die Narbe wird klein sein und Irene bald wieder Bikini tragen können, witzelt der Arzt später. Weil Irene geschwächt ist, seufzt sie nur und rollt mit den Augen, die sich beinahe unfreiwillig schließen, und obwohl sie die ganze Zeit behauptet hat, sie würde heute Abend noch in ihrem eigenen Bett liegen und es sollten sich alle mal nicht so anstellen, ist sie doch recht froh, dass sie sich nicht mehr zu rühren braucht und diese junge Dame an ihrer Seite sitzt, ohne ihr allzu sehr auf die Nerven zu gehen.

Als Irene eingeschlafen ist, macht sich Milena auf, um für die Patientin Dinge zu holen, die diese vielleicht gebrauchen könnte. Der Arzt gibt ihr den Tipp, bei einem alten Menschen für länger zu packen, man wisse ja nie. Milena kommt nicht mehr dazu, Irene um ihre Meinung oder ihr Einverständnis zu bitten. So wach und biestig Irene sein kann, so tief schläft sie dann auch. Milena kennt niemanden, den sie statt Irene um Erlaubnis oder Hilfe fragen könnte. Milena ringt eine Weile mit sich, dann schnappt sie sich Irenes Schlüssel und nimmt den Bus. Sie muss mehrfach umsteigen und verbringt viel Zeit an verschneiten Haltestellen, während es längst dunkel geworden ist und die meisten Leute zu Hause sind. Lichter blinken durch die Nacht. All das Anheimelnde und Angekommene, was Menschen kränkt, die noch unterwegs sind und auf die niemand wartet.

Das kleine Haus von Irene Bruch liegt dunkel, und es ist kalt, als Milena die Tür öffnet und auf die verteilten Pfefferminzpastillen tritt, die unter ihren Stiefeln knirschen. Milena sucht lange nach Lichtschaltern und steht beklommen in dem kleinen Flur. Irgendwie hatte sie mit einer Blutlache gerechnet, aber es gibt nicht den kleinsten Spritzer. Dafür überall die verstreuten Pastillen. Die geborstenen Spiegelscherben. Unter der Spüle findet sie Kehrblech und Handfeger, fegt die Scherben und Pastillen auf, auch unter der Kommode, und wirft die Scherben in den Müll. Aus einem Reflex heraus zieht sie in der Küche den Stecker der Kaffeemaschine. Schüttelt dann den Kopf über sich. Steckt den Stecker wieder ein. Löscht das Licht. Dreht dann doch noch einmal um. Zieht den Stecker erneut.

Jetzt schlüpft sie aus den Schuhen. Der Fußboden ist kalt. Es zieht ordentlich unter den Türen, und Irene scheint nicht viel zu heizen. Milena schaut sich um. Es ist alles ordentlich, und doch sieht sie hier und da den Bruch, den die Einsamkeit und das Alter in Irenes Leben geschlagen haben. Die halb verdorrte Pflanze, die sich mit ihrem Wurzelwerk um den Heizkörper geschlungen hat. Die Fenster, die nur bis zur Schulterhöhe geputzt sind, denn auf die Leiter trauen sich die Alten nicht mehr, zum Glück. Und irgendwann heben sie auch die Köpfe nicht mehr. Sehen die Spinnweben unter den Tischen und in den Ecken, aber nicht die silbrigen Netze, die sich über ihnen sammeln. Und in den Schränken hängen die dicken Jacken der Verstorbenen, bei der Tür stehen die ausgetretenen Schuhe und die karierten Pantoffeln vor dem Bett. Das Schlimmste aber sind die verdorbenen Lebensmittel. Die uralten Printen, schon eingestaubt. Die Obstschalen, in denen die kleinen Äpfel verschrumpeln. Im Küchenschrank die keimenden Kartoffeln. Doch bei Irene ist es nicht das. Es ist die halb leere Schnapsflasche, die auf dem Waschbeckenrand steht. Milena macht Licht und schaut in ihr fahles Gesicht im Spiegel, der aus ihrem Gesicht das einer alten Frau macht. Wie sie schon weiß, dass all das auch ihr einmal bevorsteht. Der Schnaps und die Pastillen gegen den verräterischen Atem. Ungeheizte Küchen und etliche Abendstunden vor dem Fernsehgerät, die doch nicht müde genug machen, um die Albträume zu dämpfen. Milena schraubt die Flasche auf und nimmt einen großen Schluck. Sie schaut sich im Spiegel an und sagt: »Du bist ein verlogenes Stück, Milena. Dass du dich nicht schämst.« Dann nimmt sie noch einen Schluck und noch einen und schließlich ist die Flasche leer. Ihr Magen brennt und ihre Augen tränen. Sie lässt alles stehen, packt nichts von Irenes Sachen ein. Verlässt mit ordentlich Schlagseite das Haus, nimmt den Bus zurück. Es ist der erste, der am Morgen fährt. Er nimmt Umwege. Sie schläft hin und wieder ein.

Der Drogeriemarkt hat bereits geöffnet. Sie sucht zusammen, was Irene benötigen könnte, legt auch einen Kulturbeutel mit frischen Farben aufs Band, packt hinter der Kasse alles darin ein. Im Kleidergeschäft geht die Verkäuferin gleich auf Abstand zu Milena, die eine Fahne hat. Und gleich Lust bekommt, noch mehr zu trinken. Sie kauft einen blauen Schlafanzug. Eine weiche Jogginghose. Sie ist sich sicher, dass Irene in ihrem ganzen Leben noch keine solche Hose getragen hat. Sie packt eine Fleecejacke dazu. Socken. Schlüpfer. Schlappen. Lauter Sachen, die sich Irene niemals kaufen würde, weil sie schon weiß, dass sie diese nicht mehr wird auftragen können. Also wozu.

Als Milena wieder im Krankenhaus auftaucht, ist es längst Vormittag und draußen endlich hell. Irene Bruch nippt an ihrem Kaffee – gefrühstückt hat sie bereits.

»Wir haben auch schon abgeführt«, sagt sie trocken, als Milena fragt, wie es ihr geht.

Milena tritt an das Bett und kippt die neuen Sachen auf die Decke. Packt die Kleidung aus, reißt die Etiketten ab, räumt die Hygieneartikel in das kleine Bad, in dem zwei Waschlappen an roten Haken hängen. Einer für »oben«. Einer für »unten«. Milena tut dies alles wortlos und blass. Irene beobachtet sie und fragt schließlich: »Und der Schnaps?«

»Schnaps ist aus«, sagt Milena, und weil ihre Hände jetzt nichts mehr zu tun haben, flattern sie hilflos umher, und plötzlich sagt sie: »Sie haben recht.«

»Das ist nichts Neues«, sagt Irene.

»Nein. Ich meine. Sie haben recht. Es ist gar nicht mein Ernst. Ich mag alte Leute nicht. Ich sage das nur so. Ich mache das, um mich dran zu gewöhnen.«

»An alte Leute gewöhnen? Was ist denn das für ein Hobby?«

»Nein«, Milena setzt sich ans Bett. »Ich meine nicht das. Ich meine das Ende. Entschuldigung. Nein. Ich meine das Mitgefühl. Nein. Ich meine, dass ich nicht verstehen kann, wie man lieben kann. Ein Kind haben. Ein Haustier. Wie man Weihnachten feiern kann und Ostern. Wie man das tun kann. Sich darüber freuen, dass einer geboren wird, damit er getötet wird. Damit wir mit Körbchen in den Händen Eier suchen, statt zu weinen. Ich kapiere das nicht und ich will das nicht. Ich will kein Ende. Keine Abschiede. Ich ertrage die Vorstellung nicht.« Sie schlägt die Hände vors Gesicht.

Irene starrt eine sehr lange Zeit vor sich hin. Sie selbst lebt doch schon ewig ein Leben ohne Abschiede. Ohne das

Vertrauen in Nähe, denn alle Nähe schmerzt. »Ist aber mit inbegriffen«, sagt sie schließlich leise. »*All inclusive*. Ob wir wollen oder nicht.«

»Ich weiß«, sagt Milena durch ihre Finger.

»Hat es denn schon geholfen. Das Üben?«

»Kein Stück«, sagt Milena.

Irene greift nach Milenas Hand und drückt sie kurz. Beide putzen sich dann sehr lang die Nasen.

Zwei Tage später wird Irene entlassen und weigert sich, die Fleecejacke anzuziehen.

»Reine Geldverschwendung. Was Neues für einen Restmenschen wie mich«, sagt Irene.

Milena zieht die Luft zwischen den Zähnen ein. An Irene Bruchs harte Wortwahl wird sie sich noch gewöhnen müssen.

»Ist aus alten Flaschen. Plastikflaschen«, sagt sie.

»Eine Flaschenjacke?«, fragt Irene. Milena nickt.

»Na, das passt«, sagt Irene und lässt sich in die Ärmel helfen. Nimmt auch Hilfe beim Gehen an. Fährt das Auto aber selbst und hält am Supermarkt, drückt einen Einkaufszettel in Milenas Hand. Die besorgt alles.

Zu Hause dreht Irene die Heizung in der guten Stube auf. Sie deckt für drei. Stellt die gekauften Puddingteilchen bereit, will Kaffee kochen, wundert sich lange, dass es damit nicht vorangeht. Nach einer Ewigkeit kommt Milena dazu und steckt wie selbstverständlich die Maschine wieder an die Steckdose an. Für gewöhnlich würde Irene jetzt schimpfen. Für gewöhnlich hätte Irene aber auch niemanden in ihrer Küche und keinerlei Pläne, jemand anderem

Kaffee anzubieten. Sie atmet ihren Ärger weg und stellt die neue Flasche Schnaps dazu.

Milena empfiehlt Servietten. Irene rollt mit den Augen, findet noch Servietten, zündet etwas zittrig eine Kerze an, pustet sie dann wieder aus. Zündet sie erneut an. Dann steht sie eine Weile unruhig. Schließlich legt sie den Briföffner auf den Tisch und behält die Uhr im Blick.

Gegen 16 Uhr klingelt es. Wie jeden Tag um diese Zeit. Sie hat noch nie die Tür geöffnet.

Aber heute öffnet Irene und blickt in das völlig erstaunte Gesicht von Edward Hansen, der seit zehn Jahren klingelt. Der seit Ewigkeiten weiß, wo sich der fehlende Briföffner seiner Bernsteinsammlung befindet. Der das auch den Internetidioten sehr deutlich erklärt hat, die ihn seit zwei Tagen mit Anrufen belagern. Dass sie sich um ihren eigenen Mist kümmern sollen, hat er ihnen gesagt. Dass er keine Hilfe braucht, wenn er sein Erbstück in den besten Händen weiß. Empört hat er den Hörer auf die Gabel geknallt. Edward Hansen hat noch ein Telefon mit Hörer und Gabel. Vor lauter innerer Unruhe hat er seither glatt vergessen, in die Kneipe zu gehen, und auch seit vorgestern keinen Kuchen mehr gegessen.

Jetzt schaut er in Irenes Gesicht und Irene in seins. Und nachdem sie gut eine Minute oder zwei ineinander geschaut haben, aneinander vorbei und unter sich, sagt Hansen schließlich mit belegter Stimme:

»Na, Irene. Hast du endlich die Klinke gefunden.«

Zu Ostern nach Neapel

Eine Reise rund um die Osterfeiertage führte mich nach Neapel, und von dort aus für einen Tagesausflug ins nahegelegene Pompeji, jene antike Stadt, die nach dem Ausbruch des Vesuv im Jahr 79 n. Chr. von Vulkanasche völlig bedeckt und so zu großen Teilen konserviert worden ist. Ich erinnere mich noch sehr genau an die Abbildungen im Schulbuch für den Lateinunterricht, an die Inschriften der einzelnen Kaufmannsläden, an den Mosaikboden mit der Warnung vor dem (bissigen) Hund: *Cave canem.* An die Menschen, die vom Ausmaß dieser Naturkatastrophe sichtlich überrascht worden sind, während sie noch versuchten ein paar Dinge mitzunehmen oder sich mit erhobener flacher Hand gegen die kalte Asche zu schützen.

»Als die Erde bebte und das Gestein meterhoch durch die Luft geflogen kam, war es sehr heiß«, sagte eine der Reiseleiterinnen nun beim Vorübergehen auf Englisch mit italienischem Akzent, »und dann, als die Asche kam, wurde es plötzlich sehr kalt.« Die Menschen sind unter dieser Schicht in ihren Häusern begraben worden und für lange Zeit eingeschlossen.

Als man sie Jahrhunderte später wiederentdeckte, waren ihre körperlichen Überreste längst zerfallen, nur ein Hohlraum war von einem Menschen jeweils übriggeblieben, den die Archäologen dann mit Gips ausgossen, um den ganz und gar Verlorenen so, als Gipsfigur, wieder sichtbar werden zu lassen. »*Does that make sense to you?*«, möchte die resolute Reiseleiterin von den französischen Schülerinnen und Lehrern, die ihren Ausführungen zugehört haben, wissen, aber eine Antwort erwartet sie gar nicht. Dabei wäre dies doch eine Gelegenheit gewesen, den philosophischen Dialog zu eröffnen! Was ergibt denn eigentlich Sinn?

Neben den Mosaiken sind in Pompeji zahlreiche Wandmalereien zu sehen, Statuen, Säulen. Brunnen, Atrien, ein Weingarten. Ein Tempel, ein Bordell. Das Haus einer reichen Familie samt Speisesaal. Im archäologischen Museum, zurück in Neapel, lassen sich die Eindrücke vom Vortag ergänzen: Hier sieht man Geschirr aus Metall, Keramik, Glas. Ampullen für Duftwässerchen, Öllampen, Schmuck. Es ist kaum zu glauben, dass seither 2000 Jahre vergangen sind.

Neapel heute ist eine wilde Stadt, schön, bunt, laut, dreckig, voller Lärm und voll von herrlichen Geschmäckern, Farben und Attraktionen. Die Eindrücke, die man als Touristin in kurzer Zeit bekommt, könnten kaum gegensätzlicher sein: Als man am Palmsonntag unvermutet in den feierlichen Umzug einer Musikkapelle samt Fahnenträgern gerät, in ihrer Mitte thronend die heilige Maria als lebensgroße Plastikfigur, wird man vom Hupen der vorbeiknatternden Motorräder auch schon wieder vertrieben. Hin und wieder stolpert man dann an einem dieser Könige und Königinnen der Straße vorüber, an diesen obdachlosen Männern und Frauen, die sich ihr Bett auf dem Gehsteig errichtet haben. Auf bestickten Decken aus dem Abfall liegen sie, rundherum kleine Töpfe gruppiert mit Blumen, Obst,

Krimskrams, dazwischen Säcke mit Kleidung, Kartons mit kalter Pizza. Ihren kleinen Bereich auf dem Asphalt haben sie inmitten vom Chaos der Stadt für sich selbst geordnet und eingehegt. Zur Romantisierung taugt das wenig, aber ein Anblick ist es doch, während man so zwischen den Jahrtausenden gedanklich hin- und herspringt. *Does that make sense to you?*

JOSEPH VON EICHENDORFF

Ostern

Vom Münster Trauerglocken klingen,
Vom Tal ein Jauchzen schallt herauf.
Zur Ruh sie dort dem Toten singen,
Die Lerchen jubeln: Wache auf!
Mit Erde sie ihn still bedecken,
Das Grün aus allen Gräbern bricht,
Die Ströme hell durchs Land sich strecken,
Der Wald ernst wie in Träumen spricht,
Und bei den Klängen, Jauchzen, Trauern,
So weit ins Land man schauen mag,
Es ist ein tiefes Frühlingsschauern
Als wie ein Auferstehungstag.

Karfreitag

Das Rotkehlchen

Es war zur Zeit, als Gott der Herr die Welt erschuf, und nicht nur Himmel und Erde, sondern auch alle Tiere und Pflanzen, denen er zugleich ihre Namen gab.

Aus jener Zeit ließen sich viele Geschichten erzählen, und wenn man sie alle kennen würde, so hätte man auch eine Erklärung für alles in der Welt, was man jetzt nicht begreifen kann.

Damals geschah es eines Tages, als der Herrgott im Paradiese saß und die Vögel anmalte, dass die Farben in seinen Farbentöpfen ein Ende nahmen, so dass der Stieglitz farblos geblieben wäre, wenn der liebe Gott nicht alle seine Pinsel an seinen Federn abgewischt hätte.

Und damals geschah es auch, dass der Esel seine langen Ohren bekam, weil er sich seinen Namen nicht merken konnte. Er vergaß ihn, sobald er einige Schritte auf den paradiesischen Fluren gemacht hatte, und dreimal kam er zurück und fragte nach seinem Namen, so dass der liebe Gott schließlich etwas ungeduldig wurde, ihn an beiden Ohren fasste und zu ihm sprach: »Dein Name ist: Esel, Esel, Esel.«

Und während er also redete, zog er des Esels Ohren lang und länger, auf dass er ein besseres Gehör bekäme und sich dessen erinnerte, was man ihm sagte.

An demselben Tage fand auch die Bestrafung der Bienen

statt. Denn als die Biene erschaffen war, begann sie sogleich Honig zu sammeln. Und Mensch und Tier, die den lieblichen Duft einatmeten, kamen herbei, um ihn zu kosten. Aber die Biene wollte alles für sich selber behalten und verjagte durch ihre giftigen Stiche alle, die sich der Honigwabe näherten. Das sah der liebe Gott, und flugs rief er die Biene herbei, um ihr eine Strafe aufzuerlegen: »Ich verlieh dir die Gabe, Honig zu sammeln, der das allersüßeste in der Schöpfung ist, aber damit gab ich dir nicht das Recht, gegen deine Nächsten hart zu sein. Nun denke daran, dass jede Biene, die jemanden sticht, der ihren Honig kosten will, den Stich mit dem Tode zu büßen hat!«

Ach ja, das war damals, als die Grille blind wurde und die Ameise ihre Flüglein einbüßte; es geschah so viel Seltsames an jenem Tage.

Gott der Herr saß den ganzen Tag über erhaben und mild auf seinem Thron und erschuf und hauchte Odem ein, und gegen Abend verfiel er darauf, noch einen kleinen grauen Vogel zu erschaffen.

»Denke daran, dass du Rotkehlchen heißen sollst!« sagte der liebe Gott zu dem Vogel, als er fertig geworden war. Und er setzte ihn auf seine Handfläche und ließ ihn fliegen.

Und als das Vöglein eine Weile umhergeflogen war und die schöne Erde betrachtet hatte, auf der es nun leben sollte, spürte es auch Lust, sich selber zu beschauen. Da merkte es, dass es ganz grau war und dass seine Brust ebenso grau wie alles andere aussah. Das Rotkehlchen drehte und wendete sich hin und her und spiegelte sich im Wasser, aber es vermochte kein einziges rotes Federchen an sich zu entdecken.

Da flog das Vöglein zum lieben Herrgott zurück.

Unser lieber Herrgott saß gütig und mild auf seinem Thron, aus seinen Händen lösten sich Schmetterlinge, die sein Haupt umflatterten, Tauben gurrten auf seinen Schultern, und rings um ihn herum entsprossen der Erde Rosen, Lilien und Tausendschönchen.

Das Herz des Vögleins pochte vor Angst heftig in seiner kleinen Brust, aber in leichten Bogen flog es näher und näher auf den lieben Herrgott zu und setzte sich schließlich auf seine Hand.

Da fragte der himmlische Vater, was es von ihm wünsche, und das Vöglein antwortete:

»Ich möchte dich nur noch etwas fragen.«

»Was willst du also wissen?«

»Warum soll ich denn Rotkehlchen heißen, wenn ich doch vom Schnabel bis zur Schwanzspitze ganz grau bin? Warum werde ich Rotkehlchen genannt, wenn ich doch kein einziges rotes Federchen besitze?«

Und das Vöglein blickte mit seinen großen, schwarzen Augen flehend zu Gott dem Herrn empor und wandte das Köpfchen hin und her. Rundum erblickte es Fasanen, deren rotes Gefieder leicht mit Goldstaub gesprenkelt war, Papageien mit buschigen, roten Halskragen, Hähne mit roten Kämmen, und nun erst die Schmetterlinge, Goldfische und Rosen. Natürlich dachte das Vöglein bei diesem Anblick, wie wenig dazu gehörte – und wenn es nur ein einziger, kleiner Tropfen Farbe auf seiner Brust wäre –, um es zu einem schönen Vogel zu machen, so dass sein Name passen würde.

»Warum soll ich Rotkehlchen heißen, wenn ich doch

ganz grau bin?« wiederholte das Vöglein und erwartete, dass der liebe Gott sagen würde: »Ach, mein kleiner Freund, ich merke, dass ich vergessen habe, die Federn auf deiner Brust rot anzumalen, aber warte nur einen Augenblick, dann wird die Sache bald erledigt sein.«

Doch der liebe Gott lächelte nur mild und sprach: »Ich habe dich Rotkehlchen genannt, und Rotkehlchen sollst du heißen, doch musst du selber zusehen, dass du dir deine roten Brustfedern verdienen magst.« Und dann erhob Gott der Herr die Hand und ließ den Vogel aufs neue in die Welt hinausflattern.

Der Vogel flog in tiefem Sinnen durch das Paradies. Was sollte ein so kleiner Vogel, wie er, eigentlich tun, um sich rote Federn zu verdienen?

Das einzige, woran er noch zu denken vermochte, war die Wahl seiner Behausung in einem Domenbusch. Zwischen den Stacheln des dichten Dornenrosengestrüpps baute er sein Nest. Er schien zu hoffen, dass ein Rosenblatt sich an seine kleine Kehle heften würde, um ihr seine Farbe zu verleihen.

*

Eine unendliche Zeit war seit jenem Tage verflossen, der der fröhlichste aller Erdentage gewesen ist. Seit jener Zeit hatten Tiere und Menschen das Paradies verlassen und sich über die Erde verbreitet. Und die Menschen hatten es so weit gebracht, dass sie das Land beackern konnten und das Meer zu befahren wussten, sie schafften sich Kleidung und Schmuckgeräte, ja, sie hatten schon vor langer Zeit gelernt, grosse Tempel und mächtige Städte, wie Theben, Rom und Jerusalem, zu erbauen.

Dann nahte ein neuer Tag, dessen man in der Geschichte der Welt noch lange gedenken sollte. Und am Morgen jenes Tages saß nun ein Rotkehlchen auf einem kleinen, nackten Hügel vor den Mauern Jerusalems und sang seinen Jungen vor, die inmitten eines niedrigen Dornenbusches in ihrem kleinen Nest ruhten.

Vogel Rotkehlchen erzählte seinen Kleinen von dem wunderbaren Schöpfungstage und von der Namengebung, wie es bisher jedes Rotkehlchen seinen Jungen erzählte, von dem allerersten her, das Gottes Ruf vernommen hatte und aus des Schöpfers Hand hervorgegangen war.

»Und nun seht«, schloss es traurig seinen Bericht, »so viele Jahre sind seit dem Schöpfungstage dahin, so viele Rosen sind verblüht, so viele junge Vögel sind aus dem Ei gekrochen, dass niemand sie zu zählen vermag, jedoch das Rotkehlchen ist noch immer ein kleiner, grauer Vogel. Noch ist es ihm nicht geglückt, der roten Brustfedern teilhaftig zu werden.«

Die kleinen jungen Vögelchen sperrten die Schnäbelchen weit auf und fragten, ob ihre Vorfahren sich denn gar nicht bemüht hätten, irgendeine Heldentat zu vollbringen, um die unschätzbare rote Farbe zu erringen.

»Wir alle taten, was wir konnten«, sang das Vöglein, »aber es ist keinem von uns geglückt. Schon das erste Rotkehlchen begegnete einmal einem anderen Vogel, der sein ganzes Ebenbild war, und sogleich begann es ihn mit solcher Heftigkeit zu lieben, dass es seine Brust erglühen fühlte. ›Ach‹, dachte es da, ›jetzt begreife ich alles. Der

69

liebe Gott meint, dass ich glühend lieben müsse, um meine Brustfedern durch die Liebesglut meines Herzens rot zu färben.‹ Aber es gelang ihm nicht, wie es keinem nach ihm gelungen ist, und auch euch niemals gelingen wird.«

Die kleinen jungen Vögelchen zwitscherten betrübt, und sie trauerten schon darüber, dass die rote Farbe niemals ihre kleine, flaumige Brust schmücken sollte.

»Wir hatten auch auf unseren Gesang gehofft«, sang das alte Vöglein in langen, gehaltenen Tönen. »Schon das erste Rotkehlchen sang so schön, dass seine kleine Brust sich in Begeisterung weitete und es neu zu hoffen wagte. ›Ach‹, dachte es, ›meine Brustfedern werden sich von der Sangesglut in meiner Seele rot färben.‹ Aber es gelang ihm nicht, wie es keinem nach ihm gelungen ist, und wie es auch euch nicht gelingen wird.«

Abermals hörte man ein betrübtes Zwitschern aus den schwachbefiederten Kehlen der jungen Vögelchen.

»Wir hofften auch auf unseren Mut und auf unsere Tapferkeit. Schon das erste Rotkehlchen kämpfte mutig mit andern Vögeln, und seine Brust glühte vor Kampfbegier. ›Ach‹, dachte es, ›meine Brustfedern werden sich von der Kampflust in meinem Herzen rot färben.‹ Aber es gelang ihm nicht, wie es keinem nach ihm gelang und auch keinem von euch gelingen wird.«

Die kleinen jungen Vögelchen zwitscherten voll Zuversicht, dass sie es dennoch versuchen wollten, die erstrebte Belohnung zu gewinnen, aber der Vogel antwortete ihnen betrübt, dass es ganz unmöglich wäre. Was konnten sie erhoffen, wenn es so vielen ausgezeichneten Vorfahren nicht gelungen war, das Ziel zu erreichen? Was konnten sie denn noch mehr tun als lieben, singen und kämpfen? Was vermochten – –

Der Vogel vollendete seinen Satz nicht, denn aus einem der Tore Jerusalems kam eine große Menschenmenge dahergezogen, und die Scharen stürmten zu dem Hügelgelände empor, auf dem sich das Vogelnest befand.

Es nahten Reiter auf stolzen Rossen, Kriegsknechte mit langen Speeren, Henkersknechte mit Nägeln und Hämmern, und es zogen feierlich schreitende Priester und Richter, schluchzende Weiber, und allen voran eine Masse wildumherjagendes, niederes Volk herbei, ein widerwärtiges, heulendes Gefolge von Landstreichergesindel.

Der kleine, graue Vogel saß bebend auf dem Rande seines Nestes. Er fürchtete jeden Augenblick, dass der kleine Dornbusch niedergetrampelt und seine Jungen getötet werden könnten. »Nehmt euch in acht«, zwitscherte er den kleinen wehrlosen Geschöpfchen zu, »kriecht ganz dicht zusammen und gebt keinen Laut von euch! Hier kommt ein Pferd, das dicht über uns hinschreitet! Dort naht ein Kriegsknecht mit eisenbeschlagenen Sandalen! Da stürmt die ganze wilde Horde heran!«

Plötzlich stellte der Vogel seine Warnungsrufe ein, er blieb still und stumm und vergaß beinahe die Gefahr, in der sie alle schwebten.

Dann hüpfte er rasch in sein Nest hinein und breitete die kleinen Schwingen über seine Jungen.

»Nein, das ist zu schrecklich«, zwitscherte er. »Ich will euch vor diesem Anblick bewahren. Dort sollen drei Missetäter ans Kreuz geschlagen werden.«

Und er breitete seine kleinen Schwingen so weit aus, dass

die Jungen nichts davon sehen konnten. Sie vernahmen nur dröhnende Hammerschläge, lautes Wehklagen und das tobende Geschrei der Volksmenge.

Das Rotkehlchen folgte dem ganzen furchtbaren Schauspiel mit Augen, die sich vor Entsetzen weiteten. Es konnte seine Blicke von den drei Unglücklichen nicht abwenden.

»Wie doch die Menschen grausam sind!« zwitscherte der Vogel nach einer Weile. »Es genügt ihnen nicht, diese armen Geschöpfe ans Kreuz zu nageln, und da haben sie dem einen auch noch eine stachlichte Dornenkrone aufs Haupt gepresst. Ich sehe deutlich, dass die Dornen seine Stirn verwundet haben, so dass Blut herabsickert. Und dieser Mann ist so schön und schaut mit so sanften Blicken um sich, dass jedermann ihn lieben müsste. Bei dem Anblick seiner Leiden ist mir, als durchbohre ein spitzer Pfeil mein Herz.«

Das Mitleid des kleinen Vogels mit dem Dornengekrönten vertiefte sich mehr und mehr.

»Wenn ich mein Bruder, der Adler, wäre, würde ich die Nägel, die seine Hände durchbohren, herausziehen und mit den starken Klauen alle seine Peiniger verjagen.«

Das Rotkehlchen sah, wie das Blut auf des Gekreuzigten Stirn herabsickerte, und vermochte nicht, noch länger stille in seinem Nest zu sitzen.

»Bin ich auch nur klein und schwach, so müsste ich dennoch irgend etwas für diesen armen Gepeinigten tun können«, zwitscherte es vor sich hin. Und es verließ sein Nest und flog in die Luft hinaus. In weiten Bogen umkreiste es mehrmals den Gekreuzigten, ohne dass es wagte, sich ihm zu nähern. Denn es war ein scheuer kleiner Vogel, der niemals gewagt hatte, in die Nähe eines Menschen zu kommen. Aber allmählich fasste es Mut, flog auf die Kreuze zu und zog mit seinem kleinen Schnabel einen spitzen Stachel aus der Stirn des Gekreuzigten.

Doch während es dies tat, fiel ein Tropfen vom Blute des Gekreuzigten auf die Brust des Vögleins herab. Dieser verbreitete sich schnell und färbte alle die kleinen, zarten Federn der Kehle ganz rot.

Und der Gekreuzigte öffnete seine Lippen und flüsterte dem Vogel zu: »Um deiner Barmherzigkeit willen hast du nun errungen, was dein Geschlecht seit Erschaffung der Welt erstrebt hat.«

Als der Vogel wieder in sein Nest kam, zwitscherten seine Kleinen ihm zu: »Deine Brust ist ja rot, deine Kehlfederchen sind röter als Rosen!«

»Das ist nur ein Blutstropfen von der Stirn des armen Mannes. Der wird verschwinden, sobald ich in einem Bächlein oder in einer klaren Quelle bade«, zwitscherte der Vogel zur Antwort.

Aber wie oft auch das Rotkehlchen badete, die rote Farbe verschwand nicht mehr von seiner Brust, und als seine Kleinen herangewachsen waren, leuchtete die blutrote Farbe auch auf ihren Brustfedern, wie sie noch bis auf den heutigen Tag auf jedes Rotkehlchens Brustfedern leuchtet.

Karfreitag

Als er die Schuhe anzog,
riss ein Schnürsenkel.
Er aß eine Scheibe Brot
und eine halbe Zwiebel
und trank den Rest Büchsenmilch,
mit Wasser gemischt.
Er hatte noch 8 Mark 40.

Am Nordfriedhof
hockten die Raben
in den Bäumen.
Von den Bauzäunen rann
der Schnee und löste
die alten Faschingsplakate ab.
Die Kneipen hatten dicht.
In der Imbissstube trank er
ein schnelles Bier.
Es schmeckte nach Plastik.
Die Leute waren stumm
und starrten ihn an.
Auf der Georgenstraße
lief er fast einem BMW
vor die Haube. Der Fahrer

drohte ihm mit der Faust.
Im Isabella zeigten sie
Filme über die Angst.
Die Zeitungskästen
waren alle leer.

Zu Hause fand er noch
eine Dose Tomatensuppe, löffelte
sie mit dem Brot, las einen
Spillane, wichste
sich einen ab und beschloss,
morgen früh aufzustehen,
um doch den Toaster
zu versetzen. Und er dachte,
dass er den ganzen Tag mit zwei
Worten ausgekommen war:
Ein Bier. Christus am Kreuz
hatte mehr gebraucht.

Der Engel am Grabe des Herrn

Als still und kalt, mit sieben Todeswunden,
Der Herr in seinem Grabe lag; das Grab,
Als sollt es zehn lebendge Riesen fesseln,
In eine Felskluft schmetternd eingehauen;
Gewälzet, mit der Männer Kraft, verschloß
Ein Sandstein, der Bestechung taub, die Türe;
Rings war des Landvogts Siegel aufgedrückt:
Es hätte der Gedanke selber nicht
Der Höhle unbemerkt entschlüpfen können;
Und gleichwohl noch, als ob zu fürchten sei,
Es könn auch der Granitblock sich bekehren,
Ging eine Schar von Hütern auf und ab,
Und starrte nach des Siegels Bildern hin:
Da kamen, bei des Morgens Strahl,
Des ewgen Glaubens voll, die drei Marien her,
Zu sehn, ob Jesus noch darinnen sei:
Denn Er, versprochen hatt er ihnen,
Er werd am dritten Tage auferstehn.
Da nun die Fraun, die gläubigen, sich nahten
Der Grabeshöhle: was erblickten sie?
Die Hüter, die das Grab bewachen sollten,
Gestürzt, das Angesicht in Staub,
Wie Tote, um den Felsen lagen sie;

Der Stein war weit hinweggewälzt vom Eingang;
Und auf dem Rande saß, das Flügelpaar noch regend,
Ein Engel, wie der Blitz erscheint,
Und sein Gewand so weiß wie junger Schnee.
Da stürzten sie, wie Leichen, selbst, getroffen,
Zu Boden hin, und fühlten sich wie Staub,
Und meinten, gleich im Glanze zu vergehn:
Doch er, er sprach, der Cherub: »Fürchtet nicht!
Ihr suchtet Jesum, den Gekreuzigten –
Der aber ist nicht hier, er ist erstanden:
Kommt her, und schaut die öde Stätte an.«
Und fuhr, als sie, mit hocherhobnen Händen,
Sprachlos die Grabesstätte leer erschaut,
In seiner hehren Milde also fort:
»Geht hin, ihr Fraun, und kündigt es nunmehr
Den Jüngern an, die er sich auserkoren,
Daß sie es allen Erdenvölkern lehren,
Und tun also, wie er getan«: und schwand.

Das ist Karfreitagszauber, Herr!

PARSIFAL

Kundry badet ihm mit demutvollem Eifer die Füße. –
Parsifal blickt mit stiller Verwunderung auf sie.

Du wuschest mit die Füße: –

nun netze mir das Haupt der Freund.

GURNEMANZ *mit der Hand aus dem Quell schöpfend und*
Parsifals Haupt besprengend.

Gesegnet sei, du Reiner, durch das Reine!

So weiche jeder Schuld

Bekümmernis von dir!

Während dem hat Kundry ein goldenes Fläschchen aus
dem Busen gezogen, und von seinem Inhalte auf Parsifals
Füße ausgegossen; jetzt trocknet sie diese mit ihren schnell
aufgelösten Haaren.

PARSIFAL *nimmt Kundry sanft das Fläschchen ab und reicht*
es Gurnemanz.

Salbtest du mir auch die Füße,

das Haupt nun salbe Titurels Genoss',

daß heute noch als König er mich grüße.

GURNEMANZ *schüttet das Fläschchen vollends auf Parsifals*
Haupt aus, reibt dieses sanft, und faltet dann die Hände
darüber.

So ward es uns verhießen,

so segne ich dein Haupt,
als König dich zu grüßen.
Du – Reiner, –
mitleidvoll Duldender,
heiltatvoll Wissender!
Wie des Erlösten Leiden du gelitten,
die letzte Last entnimm nun seinem Haupt.

PARSIFAL *schöpft unvermerkt Wasser aus der Quelle, neigt
sich zu der vor ihm noch knienden Kundry, und netzt ihr
das Haupt.*

Mein erstes Amt verricht' ich so: –
die Taufe nimm,
und glaub an den Erlöser!

*Kundry senkt das Haupt tief zur Erde und scheint heftig
zu weinen.*

PARSIFAL *wendet sich um und blickt mit sanfter Ent-
zückung auf Wald und Wiese, welche jetzt im Vormit-
tagslichte leuchten.*

Wie dünkt mich doch die Aue heut so schön! –
Wohl traf ich Wunderblumen an,
die bis zum Haupte süchtig mich umrankten;
doch sah ich nie so mild und zart
die Halme, Blüten und Blumen,
noch duftet' all' so kindisch hold,
und sprach so lieblich traut zu mir.

GURNEMANZ

Das ist Karfreitagszauber, Herr!

PARSIFAL

O weh, des höchsten Schmerzentags!
Da sollte, wähn ich, was da blüht,

was atmet, lebt und wieder lebt,
nur trauern, ach, und weinen?

GURNEMANZ

Du siehst, das ist nicht so.
Des Sünders Reuetränen sind es,
die heut mit heil'gem Tau
beträufet Flur und Au':
der ließ sie so gedeihen.
Nun freut sich alle Kreatur
auf des Erlösers holder Spur,
will ihr Gebet ihm weihen.
Ihn selbst am Kreuze kann sie nicht erschauen:
da blickt sie zum erlösten Menschen auf;
der fühlt sich frei von Sündenlast und Grauen,
durch Gottes Liebesopfer rein und heil:
das merkt nun Halm und Blume auf den Auen,
daß heut des Menschen Fuß sie nicht zertritt,
doch wohl, wie Gott mit himmlischer Geduld
sich sein' erbarmt' und für ihn litt,
der Mensch auch heut in frommer Huld
sie schont mit sanftem Schritt.
Das dankt dann alle Kreatur,
was all' da blüht und bald erstirbt,
da die entsündigte Natur
heut ihren Unschuldstag erwirbt.

KUNDRY *hat langsam wieder das Haupt erhoben und blickt*
feuchten Auges, ernst und ruhig bittend zu Parsifal auf.

PARSIFAL

Ich sah sie welken, die einst mir lachten;
ob heut sie nach Erlösung schmachten? –

Auch deine Träne ward zum Segenstaue:
du weinest – sieh! es lacht die Aue.
Er küßt sie sanft auf die Stirne.
Fernes Glockengeläute, sehr allmählich anschwellend.

AMÉLIE NOTHOMB

Die Passion

Endlich kommen sie mich holen. Ich seufze vor Erleichterung. Das Schlimmste ist vorbei. Ich muss nicht mehr auf die Folter warten.

Diese Illusion verfliegt schnell. Die Spiele beginnen. Sie setzen mir eine Dornenkrone auf und drücken sie mir auf den Kopf, bis er blutet. Schade, dass Lächerlichkeit nicht tötet.

Dann werde ich öffentlich ausgepeitscht. Keine Ahnung, wozu das gut sein soll. Man könnte schwören, die Geißelung soll als Vorspeise dienen, um Appetit auf das Hauptgericht, die Kreuzigung, zu machen. Jeder Hieb lässt mich erstarren vor Schmerz. Die wohlwollende Stimme in meinem Kopf wiederholt, dass ich ihn auf mich nehmen soll. Dahinter ertönt es schneidend: »Der Spaß ist noch nicht vorbei.« Ich verkneife mir ein nervöses Lachen, das mir als Frechheit ausgelegt werden würde. Schade, ich fände es amüsant, als unverschämt zu gelten.

Ich verbiete mir den Gedanken, dass es mich unter der Peitsche vor Schmerz zerreißt – was darauf folgt, wird weit brutaler sein. Unvorstellbar, dass es möglich ist, noch mehr zu leiden!

Es gibt Zuschauer, wenn auch nicht viele. Das hier ist für die Happy Few, handverlesene Kenner, die ein solches

Schauspiel zu schätzen wissen. Sie scheinen die Besetzung zu goutieren: Der Henker schlägt gut, das Opfer hat Anstand, die Aufführung ist von bemerkenswerter Qualität. Danke, Pilatus, deine Empfänge werden ihrem Ruf gerecht. Wenn es dir nichts ausmacht, möchten wir uns nach diesen Genüssen den Rest, der um einiges vulgärer zu werden droht, gern ersparen.

Draußen erwartet mich eine bleierne Sonne. Hat das Auspeitschen so lange gedauert? Der Morgen ist vorbei. Meine Augen brauchen ein paar Minuten, um sich an das blendende Licht zu gewöhnen. Auf einmal sehe ich die Menge. Unzählige Menschen. Es sind so viele, dass sie zu einer ununterscheidbaren Masse verschmelzen. Und in allen Augen steht dasselbe: Gier. Dass ihnen kein Fitzelchen des Spektakels entgehe.

Der Regen hat keinen Hauch Frische in der Luft hinterlassen. Die Erde dagegen hat die Erinnerung an ihn bewahrt, sie ist der reinste Morast. Ich sehe das Kreuz an der Mauer lehnen. Erwäge sein Gewicht. Kann ich es tragen? Wird es mir gelingen?

Absurde Fragen – ich habe doch keine Wahl. Egal, ob ich kann oder nicht, ich muss.

Sie laden mir das Kreuz auf. Es ist so schwer, dass ich fast zusammenbreche. Ich bin wie vom Donner gerührt. Es gibt keinen Ausweg. Wie soll ich das durchstehen?

Ich kann nur versuchen, so schnell wie möglich zu gehen. Aber das sagt sich so leicht. Meine Beine wanken. Jeder Schritt ist eine unerhörte Anstrengung. Ich schätze die Strecke bis Golgatha. Ausgeschlossen. Bevor ich dort ankomme, sterbe ich. Und das ist fast eine gute Nachricht, denn dann werde ich nicht gekreuzigt.

Aber ich weiß, dass ich gekreuzigt werde. Ich muss also durchhalten. Los, nicht denken, das bringt nichts, weitergehen. Wenn ich nur nicht immer in diesem Schlamm versinken würde, wodurch sich das Gewicht des Kreuzes noch verdoppelt!

Was es auch nicht besser macht: dass sich die Leute auf meinem Weg drängeln. Und ihre freundlichen Kommentare:

»Jetzt spucken wir nicht mehr so große Töne, was?«

»Hilf dir doch selbst, wenn du ein Zauberer bist!«

Gut, dass ich mich nicht mehr zusammennehmen muss, um sie nicht zu verachten. Davon bin ich nun weit entfernt. Meine Last beansprucht meine ganze Kraft.

Nur nicht hinfallen! Das ist verboten! Außerdem musst du dann wieder aufstehen. Und das ist noch schlimmer. Ja, es kann sein, dass es noch schlimmer wird. Nicht hinfallen, ich beschwöre dich.

Ich spüre, dass es gleich so weit ist. Nur noch ein paar Sekunden. Ich kann nichts dagegen tun, es gibt eine Grenze, und an der bin ich jetzt. Es ist so weit, ich stürze. Das Kreuz streckt mich nieder, ich falle mit dem Gesicht in den Schlamm. Wenigstens bin ich für ein paar Momente meine Bürde los. Wollüstig koste ich meine Schwäche aus, genieße die seltsame Freiheit. Sofort hagelt es Schläge, aber ich spüre sie kaum, weil mir ohnehin alles weh tut.

Noch einmal stemme ich das monströse Gewicht. Komme schwankend zum Stehen und kenne nun den Preis des Sturzes. Bei Matthäus 11,30 wird es heißen: »Denn mein Joch drückt nicht und meine Last ist leicht.« Meine nicht,

Freunde! Die frohe Botschaft gilt nicht mir. Das wusste ich natürlich. Aber es zu erleben ist etwas anderes. Mein ganzes Wesen bäumt sich auf. Und das Einzige, was mich durchhalten lässt, ist diese Stimme aus der Rinde, die mir ständig zuraunt: »Nimm es auf dich!«

Ich dachte, ich wäre schon am Tiefpunkt angelangt, aber jetzt steht da Mama. Nein, bitte, schau mich nicht an! Ach, ich sehe, was du siehst und begreifst. Deine Augen sind vor Entsetzen weit aufgerissen. Das ist jenseits des Mitgefühls, du erlebst, was ich erlebe, nur schlimmer, denn beim eigenen Kind ist es immer schlimmer. Wenn sie auch noch der Kreuzigung beiwohnt, ist das der Gipfel der Grausamkeit.

Das wird kein schöner letzter Moment, sondern der schrecklichste. Mir fehlt die Kraft, ihr zu sagen, dass sie weggehen soll, aber sie hätte ohnehin nicht auf mich gehört. Mama, ich liebe dich, ich will nicht, dass du deinen Sohn leiden siehst wie einen Hund, du solltest nicht wissen, was ich ertragen muss. Wenn du wenigstens in Ohnmacht fallen könntest, Mama!

Mein Vater, der mich nie erhört, beweist mir auf seltsame Weise, wie soll ich sagen, nicht seine Solidarität, schon gar nicht sein Mitgefühl, nein, ich kann es nicht anders nennen: seine Existenz. Die Römer fangen an zu begreifen, dass ich es nicht lebendig nach Golgatha schaffe. Das wäre für sie ein schmähliches Versagen – einen Toten kann man nicht kreuzigen. Also schnappen sie sich einen starken Mann, der zufällig gerade von der Feldarbeit kommt.

»Du bist jetzt dienstverpflichtet und hilfst dem da, sein Kreuz zu tragen.«

Auch wenn er nur dem Befehl folgt – dieser Mann ist ein Segen. Er sieht einen Unbekannten, der unter einer für ihn viel zu großen Last wankt, fragt nicht nach, überlegt nicht lange, hilft einfach.

Hilft mir!

Das ist mir in meinem ganzen Leben noch nicht passiert. Ich wusste nicht, wie das ist. Jemand hilft mir. Egal, aus welchem Grund.

Ich könnte weinen. Da gibt es einen aus dieser miesen Spezies, die mich verhöhnt, obwohl ich mich für sie opfere, einen, der nicht gekommen ist, um sich an dem Spektakel zu ergötzen, sondern – das spürt man – mir aus ganzem Herzen hilft.

Wenn er mir zufällig auf der Straße entgegengekommen wäre und mich unter dem Kreuz wanken gesehen hätte, glaube ich, hätte er genauso reagiert und wäre mir, ohne eine Sekunde nachzudenken, zu Hilfe geeilt. Solche Menschen gibt es. Sie haben keine Ahnung, was für seltene Exemplare sie sind. Fragte man Simon von Kyrene, warum er das tut, würde er die Frage nicht verstehen: Er weiß nicht, dass man sich anders verhalten kann.

Eine merkwürdige Art, die mein Vater da erschaffen hat: auf der einen Seite Niedertracht mit Meinungen, auf der anderen Großherzigkeit, die nicht denkt. In dem Zustand, in dem ich mich befinde, kann ich auch nicht mehr denken. Aber ich erkenne, dass ich einen Freund habe: Simon. Starke Männer mochte ich schon immer. Die machen nie Probleme. Das Kreuz erscheint mir nun leicht wie eine Feder.

»Lass mich meinen Teil tragen!«, bitte ich ihn.

»Ehrlich gesagt, ist es leichter, wenn du mich einfach machen lässt.«

Das würde ich gern tun. Aber das passt den Römern nicht. Der tapfere Simon versucht ihnen seinen Standpunkt zu erklären:

»Das Kreuz ist nicht schwer. Der Verurteilte stört nur.«

»Er soll aber seine Last tragen«, schreit ein Soldat.

»Das verstehe ich nicht. Soll ich ihm helfen, ja oder nein?«

»Du nervst. Verzieh dich!«

Betreten blickt Simon mich an, als ob das sein Fehler wäre. Ich lächle ihm zu. Das ist zu schön, um wahr zu sein.

»Danke!«

»Danke dir«, sagt er seltsamerweise.

Er sieht merkwürdig drein.

Mir bleibt keine Zeit, mich ausführlicher zu verabschieden. Ich muss weiter und dieses tote Gewicht mit mir schleppen. Und entdecke etwas Unvorhersehbares: Das Kreuz ist leichter geworden. Es ist und bleibt grauenhaft, doch die Begegnung mit Simon hat alles verändert. Als ob mein Freund mir den unmenschlichsten Teil meiner Bürde abgenommen hätte.

Mit diesem Wunder – denn es ist eines – habe ich nichts zu tun. Findet mir ein größeres in der Heiligen Schrift! Ihr werdet vergebens suchen.

Es ist furchtbar heiß. Die Augenbrauen können den Schweiß nicht aufhalten, der mir von der Stirn in die Augen rinnt, und ich sehe nicht mehr, wo ich hintrete. Die Römer lenken mich mit Peitschenhieben, das ist so brutal wie wirkungslos. Ich wusste nicht, dass man so schwitzen kann. Wie viel Wasser und Salz so ein Körper hergibt!

Ein Tuch erlöst mich. Der Stoff, der sich weich und seidig anfühlt, berührt mein Gesicht wie eine köstliche Liebkosung. Wer ist zu so einer Wohltat fähig? Jemand, der so gut ist wie Simon von Kyrene, aber gleichzeitig von einer Zartheit, die dieser Schrank von einem Mann nie aufgebracht hätte.

Ich möchte, dass das niemals endet, und zugleich will ich den Menschen dahinter sehen. Als das Tuch zurückgezogen wird, stehe ich vor der schönsten Frau der Welt. Sie wirkt ebenso ergriffen wie ich.

Der Moment friert ein, die Zeit steht still, ich weiß nicht mehr, wer ich bin und wozu ich hier bin, aber das ist mir egal, es gibt nur noch diese großen, klaren Augen, die mich ansehen, ich habe keine Vergangenheit mehr und keine Zukunft, die Welt ist vollkommen, nichts soll sich mehr bewegen, das Unsagbare ist zum Greifen nah. Ein Blitz hat mich getroffen, etwas Großartiges wird geschehen, weise Musik fehlt unsrer Lust, doch diesmal wird man sie endlich hören.

»Ich heiße Veronika.«

Verrückt, wie schön die Stimme einer Unbekannten sein kann!

Peitschenhiebe holen mich in die Wirklichkeit zurück. Das Kreuz zermalmt mich, ich schleppe mich vorwärts, die Hölle hat mich wieder.

Trotzdem lässt das Schicksal nicht locker, seit ich diese Qualen erleide, stürzt alles auf mich ein, das Schlimmste und das Beste, ich habe Freundschaft erfahren und Liebe, ich komme aus dem Staunen nicht heraus. Veronika – wer mag sie sein? Die Melodie ihrer Stimme klingt mir noch in den Ohren, und ich entdecke, dass Musik das Universum leichter macht und ein unschuldiges Gesicht einem die Kraft geben kann, das eigene Folterwerkzeug zu tragen.

Auf dieser Erde gibt es einen Simon von Kyrene und eine Veronika. Beide von beispiellos erhabenem Mut.

Ich bin wieder in der Welt. Und im Kampf. Woher soll ich die Kraft nehmen, einen neuerlichen Zusammenbruch zu vermeiden? Ein Teil meines Gehirns berechnet schon das Straucheln. Meine Augen sehen die Stelle, an der es passieren wird. Ich verhandle mit mir selbst: »Ein Schritt noch … Nur noch ein halber Schritt …«

Der Sturz ist eine illusorische Ruhepause. Aber ich genieße es, ein zweites Mal zu fallen. Wie schön es ist, sich gehenzulassen und der Schwerkraft zu gehorchen! Ein Hagel von Schlägen geht auf mich nieder, das angenehme Gefühl hat nicht lange gedauert, doch in dem Zustand, in dem ich mich befinde, zählt jede Sekunde.

Mir kommt es so vor, als trüge und zerrte ich dieses Kreuz schon seit Stunden hinter mir her. Das stimmt sicher nicht. Ich kann mich nur schlecht an mein Leben davor erinnern. Seit ich auf meinem Kreuzweg bin, habe ich über einen Mann und eine Frau gestaunt. Und meine Mutter wiedergesehen. Oft wurde behauptet, dass ich Frauen vorziehe. Aber ein Geschlecht vorzuziehen wäre in meinen Augen ein Zeichen von Geringschätzung.

Die Töchter Jerusalems drängen sich weinend um mich. Ich will sie dazu bewegen, ihre Tränen zu trocknen.

»Na kommt, das ist nicht schön, aber ich muss da durch, und danach wird alles gut.«

Ich glaube mir selbst kein Wort. Nichts wird gut, es wird nur noch schlimmer werden. Aber ihr Schluchzen nimmt mir den Atem. Wie hilft man jemandem? Bestimmt nicht durch Weinen. Simon hat mir geholfen, Veronika hat mir geholfen. Keiner von beiden hat geweint. Auch nicht groß gelächelt übrigens, sondern konkret gehandelt.

Nein, ich ziehe Frauen nicht vor. Ich glaube nur, dass sie mich schützen. Das liegt wohl an meinem freundlichen Umgang mit ihnen, der bei Männern hierzulande nicht üblich ist. Muss ich noch hinzufügen, dass ich auch Männer nicht vorziehe? Vor Wörtern wie vorziehen oder ersetzen nehme ich mich ohnehin in Acht – viele können sich gar nicht vorstellen, dass sie praktisch deckungsgleich sind. Ich habe schon gesehen, wie Leute darum kämpften, vorgezogen zu werden, ohne sich bewusst zu sein, dass sie sich dadurch ersetzbar machten.

Eines Tages wird man sagen, keiner ist unersetzlich. Das ist das Gegenteil meiner Lehre. Für die Liebe, die mich verzehrt, ist jeder unersetzlich. Wie schrecklich, im Voraus zu wissen, dass mein Leiden umsonst sein wird!

So ganz stimmt das nicht. Ein paar Menschen werden es verstehen. Es ist nicht auszuschließen, dass ich mich dafür gar nicht hätte opfern müssen. Ich werde es nie erfahren. Jedenfalls würde Verbitterung darüber mein Schicksal noch schrecklicher machen.

Komische Gedanken kommen einem, wenn man ein Kreuz schleppt. Wobei – Gedanken ist wohl übertrieben, Kurzschlüsse trifft es vielleicht besser, oder Bruchstücke.

Was ich trage, ist viel zu schwer für mich. Ich habe mich noch nie so elend gefühlt.

Schade, dass ich das nicht vorher wusste: Es ist als Lebensideal völlig ausreichend, nicht zu schwer zu tragen zu haben. Eine Lektion, die mir überhaupt nichts nützen wird. Ich erinnere mich, dass ich tagelang meiner Wege ging und mir dazu gratuliert habe, grundlos glücklich zu sein. Dabei war ich nicht grundlos glücklich, sondern genoss die Leichtigkeit.

Ich breche ein drittes Mal zusammen. Jetzt weiß ich, was es heißt, wenn man zum Staubfressen verdammt ist. Es ist nicht mehr matschig, die Sonne hat die Erde ausgetrocknet. Ich blicke zum Gipfel von Golgatha. Warum habe ich es denn so eilig, dorthin zu kommen? Ich kann kaum glauben, dass ich am Kreuz mehr leiden werde als unter dem Kreuz.

Das ist eine allgemeine Erfahrung: Wenn man einen Berg hinaufsteigt, sieht man ihn zuerst von unten, und er kommt einem nicht sehr hoch vor. Man muss erst den Gipfel erreichen, um die Höhe ermessen zu können. Golgatha ist nur ein Hügel, aber ich habe das Gefühl, dass ich ihn niemals bezwingen werde.

Ich weiß nicht, wie ich es geschafft habe aufzustehen. In meinem Zustand ist alles eine Anstrengung, ich habe überall Schmerzen. Ich muss aber ziemlich zäh sein, dass ich nicht ohnmächtig werde. Die letzten Schritte sind die schlimmsten, doch Freude nach der bestandenen Prüfung kann ich keine empfinden, weil ich weiß, dass das, was hier beginnt, eine ganz andere Nummer ist.

Das wird mir gleich auf einfache Art und Weise zu verstehen gegeben: Sie nehmen mir mein Gewand. Es war nur ein Leinenkittel mit Gürtel – nun erst wird mir der Wert der Kleidung bewusst.

Solange man angezogen ist, ist man jemand. Ich bin nichts mehr. Eine leise Stimme in meinem Kopf säuselt: »Sie haben dir immerhin den Schurz gelassen. Es könnte schlimmer sein.« Damit ist das ganze Menschenleben zusammengefasst: Es könnte schlimmer sein.

Ich wage es nicht, die beiden Gekreuzigten anzusehen, die schon da hängen. Ich erspare ihnen den Schmerz, beobachtet zu werden, den ich so lange erlebt habe.

»Wenn du Gottes Sohn bist, bitte doch deinen Vater, dich zu retten!«, sagt einer von ihnen sarkastisch. Dass er in seiner Situation noch spotten kann, bewundere ich aufrichtig.

»Sei still«, sagt darauf der andere zu ihm, »er hat es weniger verdient als wir!«

Es berührt mich, dass er es trotz seiner Qualen über sich bringt, mich zu verteidigen. Ich bedanke mich bei ihm.

Aber ich habe ihm nicht versprochen, dass er gerettet wird. So etwas zu jemandem zu sagen, der gerade entsetzliche Qualen leidet, ist purer Hohn. Und einem der beiden Gekreuzigten Rettung zu versprechen, dem anderen aber nicht, hieße, Zynismus und Schäbigkeit auf die Spitze zu treiben.

Ich lege Wert auf diese Klarstellung, weil es in den Evangelien anders stehen wird. Warum? Keine Ahnung. Die Evangelisten waren nicht dabei, als es passierte. Und sie kannten mich nicht, egal, was darüber gesagt wird. Ich bin ihnen nicht böse, aber es ist schon ärgerlich, wenn Menschen unter dem Deckmantel der Liebe behaupten, mich in- und auswendig zu kennen.

Tatsächlich hatte ich den beiden Gekreuzigten gegenüber eine brüderliche Anwandlung, weil ich bald dieselben Qualen erleiden würde. Eines Tages wird für das mir unterstellte Verhalten gegenüber dem einen, den man als den »guten Schächer« bezeichnen wird, der Ausdruck »positive Diskriminierung« erfunden werden. Ich habe dazu keine Meinung, ich weiß nur, dass mich jeder der beiden auf seine Weise berührt hat. Ja, mir gefielen die Worte des einen, aber ich mochte auch den Stolz des anderen, der kein schlechter Mensch war, denn was soll daran schlimm sein, wenn man Brot stiehlt, und ich kann verstehen, dass man in so einer Situation kein schlechtes Gewissen hat.

*

Die Zeit ist gekommen – ich lege mich auf das Kreuz. Was ich getragen habe, wird jetzt mich tragen. Ich sehe sie Nägel und Hämmer bringen. Die Angst raubt mir den Atem. Ich werde durch Hände und Füße ans Kreuz geschlagen. Das geht so schnell, dass es mir kaum zu Bewusstsein kommt. Und dann wird mein Kreuz zwischen denen meiner Brüder aufgestellt.

Unsagbare Qualen. Der Schmerz beim Annageln war harmlos gegen die Marter, an den Händen zu hängen, und an den Füßen ist es noch tausendmal schlimmer. Nicht rühren! Die geringste Bewegung vervielfacht die ohnehin schon unerträglichen Qualen.

Bestimmt stumpfe ich mit der Zeit ab, versuche ich mir einzureden, die Nerven können so einer Tortur ja nicht ewig standhalten. Aber ich muss einsehen, dass diese Apparatur alle Variationen des Schmerzes, die winzigsten und die entsetzlichsten, treu und unerbittlich aufzeichnet.

Solange ich das Kreuz trug, hielt ich es für das höchste Ziel, ohne Last durchs Leben zu gehen. Nein. Der Sinn des Lebens besteht darin, nicht zu leiden. Das ist es.

Es gibt keine Möglichkeit, dem Schmerz zu entkommen. Er besetzt mich voll und ganz. Keine Idee, keine Erinnerung kann mich erlösen.

Ich schaue die Menschen an, die mich anschauen. »Was geschieht dir?« Diese Frage lese ich in unzähligen Augen, mitfühlend oder grausam. Müsste ich darauf antworten, fände ich keine Worte.

Ich bin den Grausamen nicht böse. Erstens, weil die Qualen mich ganz in Beschlag nehmen, und zweitens ist es mir lieber, wenn sie wenigstens irgendjemandem Freude bereiten.

Magdalena ist auch da. Dass meine Mutter am Kreuzweg stand, war fürchterlich, meine Liebste hier zu sehen berührt mich zutiefst. Ihre Schönheit kann auch Mitleid nicht entstellen. Meine Qualen sind so groß, dass meine Seele schreit, auch wenn mein Mund stumm bleibt, denn ein angemessener Schrei ist unvorstellbar.

Der Schrei meiner Seele durchbohrt Magdalena. Das ist keine Metapher. Ich weiß nicht, ob es an den übermenschlichen Schmerzen liegt oder an der Nähe des Todes – jedenfalls sehe ich Magdalenas Liebe in Form von Strahlen. Wobei das Wort »Strahlen« das Phänomen nicht genau beschreibt, es ist zarter und runder, eine leuchtende konzentrische Welle, die mich sanft berührt, während von mir Schmerzhaftes ausgeht.

Ich sehe den Schrei meiner Seele oder vielmehr meine Seele selbst als Strom, der auf Magdalenas liebende Seele trifft und sich mit ihr vereint. Das bringt mir zwar keine Erleichterung, aber eine rätselhafte Freude.

Nun erinnert sich der Durst an mich, den ich stets als verborgenen Schatz gepflegt habe. Das war eine ausgezeichnete Idee. Denn der quälende Schmerz in der Kehle erlaubt mir, meinem zerrissenen Leib zu entkommen, und diese Veränderung rettet mich.

Die blaue Lichtwelle, die mich mit Magdalena verbindet, verläuft schräg nach oben, was weniger an meiner erhöhten Position liegt als vielmehr am spezifischen Charakter ihrer Emanation. Meine Geliebte und ich jubilieren innerlich über das, was nur wir allein wissen.

Damit meine ich, dass mein Vater nichts davon weiß. Er hat keinen Körper, und die vollkommene Liebe, die Magdalena und ich in diesem Moment erleben, dringt aus dem Körper wie Musik aus einem Instrument. So tiefe Wahrheiten erfährt man nur, wenn man dürstet, liebt oder stirbt – drei Zustände, die einen Körper voraussetzen. Die Seele ist natürlich ebenfalls unverzichtbar, aber keineswegs ausreichend.

Man könnte darüber lachen. Das will ich allerdings nicht riskieren, der Schmerz würde mich zerreißen. Und das darf nicht sein, wenn ich schon sterben muss. Ich habe schreckliche Angst, dass mir mein Tod misslingt. Womöglich versäume ich vor lauter Leiden den großen Moment.

Die Kreuzigung ist ein Fehler. Mein Vater wollte damit zeigen, wie weit man aus Liebe gehen kann. Wäre diese Idee doch nur dumm und nutzlos geblieben! Leider richtet sie aber enormen Schaden an. Nach meinem Vorbild werden verschiedene Lehren entstehen, die sich um das Martyrium ranken. Und das ist noch nicht alles! Selbst jene, die weise genug sind, sich für das einfache Leben zu entscheiden, werden davon infiziert sein. Denn was mein Vater mir auferlegt, zeugt von einer so tiefen Verachtung des Körpers, dass davon für immer etwas zurückbleiben wird.

Deine Erfindung ist dir einfach über den Kopf gewachsen, Vater. Darauf könntest du stolz sein, denn es beweist dein schöpferisches Genie. Stattdessen setzt du unter dem Vorwand einer erbaulichen Liebeslektion die folgenschwerste, grausamste Bestrafung in Szene, die man sich vorstellen kann.

Dabei fing es doch gut an. Einen solide verkörperten Sohn zu zeugen ist eine schöne Sache, du hättest viel daraus lernen können, wenn es dir eine Herzensangelegenheit gewesen wäre zu begreifen, was dir entgeht. Du bist Gott. Also wozu dieser Stolz? Ist es das überhaupt? Stolz ist ja nichts Schlechtes. Nein, ich sehe da einen eher lächerlichen Wesenszug: Überempfindlichkeit.

Ja, du bist schnell beleidigt. Noch ein Beispiel: Du duldest keine anderen Offenbarungen neben deiner. Es kränkt dich, dass Menschen hier oder am anderen Ende der Welt ihre aufrechte Haltung auf unterschiedliche Art und Weise leben. Und wenn sie manchmal Menschenopfer bringen, nennst ausgerechnet du sie barbarisch!

Warum so kleinlich, Vater? Begehe ich damit Gotteslästerung? Sicher. Nur zu, dann strafe mich doch! Wenn du mich noch mehr strafen kannst!

Geschafft – jetzt leide ich noch tausendmal mehr. Warum tust du mir das an? Weil ich dich kritisiere? Das heißt doch nicht, dass ich dich nicht liebe! Ich bin wütend auf dich. Liebe ermächtigt zu solchen Gefühlen. Aber was verstehst du schon von Liebe?

Das ist das Problem: Du kennst die Liebe nicht. Liebe ist eine Geschichte, und man braucht einen Körper, um sie zu erzählen. Was ich gerade gesagt habe, ergibt für dich keinen Sinn. Wenn du dir wenigstens deines Unwissens bewusst wärst!

Meine Qualen nehmen ein solches Ausmaß an, dass ich hoffe, möglichst bald zu sterben. Aber ach, ich weiß, dass es noch lange dauern wird. Kein Flackern der Flamme des Lebens. Möglichst regungslos bleiben, die geringste Bewegung führt zu unvorstellbaren Schmerzen. Das ist das Schreckliche an der Empörung: dass man sich dabei aufbäumt – wer sich empört, kann nicht stillhalten.

Nimm es auf dich, mein Freund! Ja, ich spreche mit mir. Man sollte Freundschaft für sich empfinden. Liebe wäre unangenehm. Das würde zu einem krankhaften Überschwang führen, den man sich besser nicht antut. Hass ist genauso unangenehm und dazu noch ungerecht. Ich bin mein Freund, ich empfinde Zuneigung für den Menschen, der ich bin.

Nimm es hin, nicht weil es hinnehmbar wäre, sondern weil du dann weniger leidest. Etwas nicht hinzunehmen ist gut, wenn es etwas bringt – hier ist es sinnlos.

Die drei radikalsten Erfahrungen sind in dir vereint: Durst, Liebe, Tod – das Siegertrio. Und du, mein Freund, befindest dich im Schnittpunkt. Das solltest du ausnutzen! Ausnutzen – was für ein abartiges Wort! »Sei froh« kann ich noch viel weniger sagen, das sähe ja so aus, als würde ich mich über mich lustig machen.

Tatsache ist, ich erlebe gerade etwas Entscheidendes, das kann man wohl sagen. Meine Qualen werde ich nicht los, also stürze ich mich in den Durst, um sie wenigstens zu umgehen, wenn ich sie schon nicht abschütteln kann.

Welch grandioser Durst! Ein Meisterwerk! Meine Zunge hat sich in einen Bimsstein verwandelt, der am Gaumen schabt, wenn ich ihn daran reibe. Erforsche deinen Durst, mein Freund! Es ist eine Reise, die dich zu einer Quelle führt, hörst du, wie schön das ist, ja, es ist das richtige Lied, spitz die Ohren, es gibt Melodien, die man sich erst verdienen muss, das sanfte Murmeln erquickt mein Innerstes, und ich habe diesen Steingeschmack im Mund. Es wird einmal ein Land sein, das so arm ist, dass es in seiner Sprache nur ein einziges Verb für Essen und Trinken gibt, mit dem man noch dazu ziemlich knausert, trinken ist dort ein bisschen wie flüssige Kiesel essen – nein, das funktioniert nur, wenn das Wasser sickert, aber auf meiner Reise sickert es nicht, es sprudelt, ich lege mich hin, um mich damit zu verbinden, es liebt mich wie die auserwählte Quelle. Trinke mich, mein Geliebter, grenzenlos soll dein Durst dich beglücken und nie versiegen, denn für sein Ende hat keine Sprache ein Wort.

Was Wunder, dass der Durst zur Liebe führt? Liebe fängt immer damit an, dass man mit jemandem etwas trinkt. Vielleicht, weil keine andere Empfindung so wenig enttäuscht. Für eine trockene Kehle bedeutet Wasser Ekstase, und die Oase wächst mit dem Warten. Wer durch die Wüste gegangen ist, hält Wasser nie für überschätzt. Wer jener, die er bald lieben wird, zu trinken anbietet, verspricht, dass der Genuss nicht hinter der Erwartung zurückbleiben wird.

Meine Verkörperung musste in einem trockenen Land stattfinden. Und es war wichtig, dass hier nicht nur der Durst herrscht, sondern auch die Hitze wütet.

Aus dem wenigen, was ich über die Kälte weiß, schließe ich, dass sie die Ausgangslage verfälschen würde. Sie lullt nicht nur den Durst ein, sondern lässt auch die damit verbundenen Empfindungen verkümmern. Wer friert, friert. Wer vor Hitze fast umkommt, ist sehr wohl in der Lage, gleichzeitig noch an tausend anderen Dingen zu leiden.

*

Ich bin noch verdammt lebendig. Ich schwitze – woher kommt die viele Flüssigkeit? Mein Blut zirkuliert, es rinnt aus meinen Wunden, der Schmerz erreicht seinen Höhepunkt, ich leide solche Qualen, dass die Geographie meiner Haut sich verschiebt und die empfindlichsten Zonen in die Schultern und Arme wandern, unerträglich, diese Position; wenn man sich vorstellt, dass ein Mensch eines Tages auf die Idee der Kreuzigung kam, das muss einem erst einmal einfallen. Darin wird das Scheitern meines Vaters offensichtlich: dass seine Kreatur sich diese Foltermethode ausgedacht hat.

Liebe deinen Nächsten wie dich selbst! Eine hinreißende

Lehre, nur ich bekenne mich gerade zu ihrem Gegenteil. Denn ich nehme diesen monströsen, erniedrigenden, anstößigen, nicht enden wollenden Tod auf mich, und wer sich das antut, liebt sich nicht.

Ich kann mich natürlich hinter dem Fehler meines Vaters verstecken. Sein Vorhaben hat sich schlicht und einfach als Irrtum erwiesen. Aber wie kam es, dass ich mich so getäuscht habe? Und warum musste ich erst am Kreuz hängen, um mir das einzugestehen? Ich hatte es schon geahnt, das führte jedoch nicht dazu, dass ich mich verweigert hätte.

Die einzige Entschuldigung, die mir einfällt: Ich machte es wie jeder andere auch und lebte in den Tag hinein, ohne groß über die Konsequenzen nachzudenken. Ich mag diese Version, in der ich einfach Mensch war – und wie ich es liebte, das zu sein!

Leider kann ich mich nicht darüber hinwegtäuschen, dass weit Schlimmeres eintrat als die Unterwerfung unter den Vater, das Schlimmste überhaupt. Die Freundschaft, die ich mir vor kurzem zugestand, kam zu spät. Es war nicht entschuldbare Unbedachtheit, die mich diese unbeschreiblichen Qualen auf mich nehmen ließ, sondern ein verbreitetes Gift: Selbsthass.

Wie habe ich mir den zugezogen? Ich grabe in meinem Gedächtnis. Ich hasse mich, seit ich weiß, wozu ich verdammt bin. Aber ich finde Bruchstücke von Erinnerungen vor meinen Erinnerungen, aus einer Zeit, in der ich noch nicht *Ich* sagte und das Bewusstsein mich noch nicht befallen hatte, da hasste ich mich nicht.

Ich bin unschuldig geboren, aber irgendetwas ist schiefgegangen, ich weiß nicht, wie das passiert ist. Ich gebe niemandem die Schuld außer mir. Ein eigenartiger Fehler, der einen ungefähr im Alter von drei Jahren ereilt. Und eine zusätzliche Absurdität, Selbstvorwürfe verstärken nämlich den Selbsthass. Die Schöpfung hat einen Formfehler.

Damit mache ich wie alle anderen meinen Vater für mein Scheitern verantwortlich. Das ärgert mich. Verflucht sei das Leiden! Würde man, wenn es nicht existierte, stets nach einem Schuldigen suchen?

Nun, in der letzten Stunde, versuche ich, wie in dem Gleichnis von den Arbeitern im Weinberg, endlich zu meinem Freund zu werden. Ich muss mir vergeben, dass ich mich so verrannt habe. Am schwersten ist es, mich selbst von meiner Ahnungslosigkeit zu überzeugen. Stimmt es wirklich, dass ich von nichts wusste?

Eine innere Stimme versichert mir, dass ich es wusste. Also, wie konnte ich? So schrecklich es ist, sich selbst zu hassen, muss ich, dessen Lehre »Liebe deinen Nächsten wie dich selbst!« lautete, doch der Logik die Ehre geben. Also, wie konnte ich die anderen hassen? Und wie konnte ich sie so sehr hassen?

Ist diese entsetzliche Komödie vielleicht ein Werk des Teufels?

Von dem will ich nichts mehr wissen! Immer wenn etwas den Bach runtergeht, war er es. Wie simpel! Ich bin an einem Punkt angelangt, wo ich mir jede Blasphemie erlaube. Also: Ich glaube nicht an den Teufel. Er ist vollkommen überflüssig. Auf Erden gibt es schon genug Böses, dem braucht man nichts mehr hinzuzufügen.

Die Leute, die meiner Hinrichtung beiwohnen, sind großteils das, was man anständige Menschen nennt, und das sage ich ohne jede Ironie. Aber wenn ich ihnen in die Augen schaue, sehe ich genug Böses, um nicht nur mein Elend, sondern sämtliches Elend der Vergangenheit und der Zukunft zu begründen. Sogar in Magdalenas Blick ist etwas davon. Auch in meinem. Ich kenne ihn nicht, aber ich weiß, was in mir steckt. Es reicht, dass ich mein Schicksal auf mich genommen habe.

Wer sich mit dieser Erklärung nicht zufriedengibt, sondern den Teufel sieht, wo bloß verborgene Niedertracht ist, schmückt das Schäbige mit einem grandiosen Wort und schreibt ihm damit tausendmal mehr Macht zu. Eine geniale Frau wird eines Tages sagen: »Kein Zweifel, dass ich inzwischen mehr Angst vor denen habe, die so viel Angst vor dem Bösen haben, als vor ihm selbst.« Mehr gibt es dazu nicht zu sagen.

Nun werden manche einwenden, wenn man das Gute Gott tauft, braucht auch das Böse einen Namen. Ich frage mich bloß, wo sie das herhaben, dass Gott das Gute ist. Mache ich etwa den Eindruck, als ob ich es wäre? Ist mein Vater, der sich ja die Qualen ausgedacht hat, die ich auf mich genommen habe, glaubhaft in dieser Rolle? Übrigens erhebt er auch gar keinen Anspruch darauf. Er möchte Liebe sein. Liebe ist etwas anderes als das Gute. Es gibt da zwar Überschneidungen, aber nicht immer.

Und ist er überhaupt, was er zu sein behauptet? Die Kraft der Liebe ist oft zu schwer von den Strömungen zu unterscheiden, mit denen sie einhergeht. Aus Liebe zu seiner Schöpfung hat mein Vater mich meinen Henkern ausgeliefert. Gibt es eine perversere Art des Liebesbeweises?

Ich will mich nicht aus der Verantwortung stehlen. Mit meinen dreiunddreißig Jahren hatte ich mehr als genug Zeit, mir über die Ruchlosigkeit dieser Geschichte den Kopf zu zerbrechen. Sie ist in keiner Weise zu rechtfertigen. Die Legende behauptet, dass ich die Sünden aller bisherigen Menschen abbüße. Falls das stimmt – was ist dann mit den Sünden der Menschen, die nach mir kommen? Ich kann nicht auf Unwissenheit plädieren, weil ich weiß, was geschehen wird. Und selbst wenn ich es nicht wüsste – wie blöd müsste ich sein, um daran zu zweifeln?

Wie soll ich denn glauben, dass meine Qual irgendetwas sühnen kann? Löscht mein grenzenloses Leiden etwa das jener Unglücklichen aus, die es vor mir erduldet haben? Schon die Idee der Buße ist widerlich in ihrem absurden Sadismus.

Wäre ich Masochist, würde ich mir vergeben. Aber das bin ich nicht – in dem Grauen, das ich erlebe, spüre ich nicht den geringsten Anflug von Lust. Ich muss mir aber vergeben. In dem Wust der Worte, die ich abgesondert habe, ist nur ein einziges, das Erlösung verheißt: vergeben. Aber ich liefere gerade ein beeindruckendes Gegenbeispiel. Vergeben bedarf keiner Gegenleistung, man muss nur spüren, dass es von Herzen kommt. Und wie soll ich das erklären, obwohl ich mich opfere? Das ist so, als wollte jemand andere von der vegetarischen Lebensweise überzeugen, indem er ein Lamm opfert – sie würden ihm ins Gesicht lachen.

In genau dieser Situation befinde ich mich. Liebe deinen

Nächsten wie dich selbst, tu ihm nichts, was du nicht willst, dass man dir tut, und fordere nicht seine Bestrafung, wenn er dir Unrecht zufügt, sondern ziehe großmütig einen Schlussstrich! Illustration: Ich hasse mich so sehr, dass ich mich dieser Grausamkeit aussetze, mit der ich für die Sünden bezahle, die ihr begangen habt.

Wie bin ich so weit gekommen? Allmählich verfestigt sich in meinem Kopf der Gedanke, dass diese Häufung von Paralipsen den Gipfel des *argumentum a fortiori* darstellt: Wenn es mir bei diesem Ausmaß meiner Schuld gelingen sollte, mir zu vergeben, dann wäre alles vollendet.

Bin ich dazu in der Lage?

Es gibt tausend Wege, mein Tun zu verstehen. Und es ist unmöglich, die widerwärtigste Interpretation zu ermitteln. Nehmen wir die Betrachtungsweise, die zur offiziellen werden wird: Ich opfere mich zum Wohle aller. Das ist doch abartig! Wie wenn ein Vater, der im Sterben liegt, die Kinder um sein Bett versammelt, um ihnen zu sagen:

»Ich hatte ein Hundeleben, nie habe ich mir ein Vergnügen gegönnt, meine Arbeit war mir verhasst, ich habe mit jedem Pfennig geknausert, und all das habe ich nur für euch getan, meine Lieben, damit ihr ein schönes Erbe habt.«

Wer das Liebe nennt, ist ein Ungeheuer. Aber genau das habe ich vorgebracht. Und so ein Verhalten damit offiziell anerkannt.

Nehmen wir meine Mutter. Sie ist, ich sage es noch einmal, ein besserer Mensch als ich. Deshalb ist sie auch nicht hier. Sie weiß, dass ich durch ihre Anwesenheit noch mehr leiden würde. Dennoch ist ihr bewusst, was mir widerfährt. Und was sie erduldet, ist unendlich viel schlimmer als das, was ich erdulde, und zwar deshalb, weil sie nicht die Entscheidung getroffen hat, es auf sich zu nehmen. Ich war es, der ihr diesen Schmerz aufgebürdet hat.

Oder Magdalena: Sie ist mit mir verbunden. Ich bin verliebt in sie wie sie in mich. Drehen wir die aktuelle Situation einmal um: Ich wäre an ihrer Stelle, wohnte ihrer Kreuzigung bei und wüsste, dass sie das wollte.

»Ich habe mit dir eine leidenschaftliche Liebe erlebt, aber mich trotzdem für die öffentliche Hinrichtung entschieden. Und ich habe gute Nachrichten für dich, Liebster: Du darfst dabei sein!«

Ich könnte noch lange so weitermachen. In der Menge zu meinen Füßen sind auch Kinder. Vor der Pubertät sind wir anders, nicht unschuldig, schon fähig, anderen zu schaden, aber noch ohne Filter, auf gleicher Ebene mit allem. Und diese offenen Wesen werden gerade von diesem entsetzlichen Anblick geprägt.

Kann ich mir das jemals vergeben?

Ich sage mit Absicht *das*. Die Kreuzigung mit *dies* zu bezeichnen, lehne ich ab. Das wäre viel zu elegant und preziös. Was ich erleide, ist hässlich und grob. Könnte ich doch wenigstens auf das kurze Gedächtnis der Völker bauen! Am niederschmetterndsten ist für mich das Wissen, dass meine Kreuzigung für Jahrhunderte in aller Munde sein wird, aber nicht, um mein Geschick zu beklagen. Kein menschliches Leid wird je so verherrlicht werden. Man wird mir danken. Man wird mich bewundern. Man wird deshalb an mich glauben.

Aufgrund einer Entscheidung, die ich mir nicht vergeben kann. Ich habe den größten und gefährlichsten Unsinn der Geschichte zu verantworten.

Auf den Gehorsam gegenüber meinem Vater kann ich mich nicht berufen. Dazu habe ich es viel zu oft daran fehlen lassen. Angefangen mit Magdalena: Sexualität und Verliebtheit waren für mich nicht vorgesehen. Ich habe nicht gezögert, mich darüber hinwegzusetzen. Und wurde nicht dafür bestraft.

Nein, nein, noch einmal von vorn. Was für eine komische Blödheit zu glauben, ich hätte meine Straffreiheit ausgenutzt, um mit Magdalena den Verboten meines Vaters zu trotzen. In Wahrheit war ich von vornherein verdammt.

Oder glaubte das nur fälschlicherweise. War so sehr von meiner Verdammnis überzeugt, dass ich mir eine andere Möglichkeit nicht vorstellen konnte.

Auch wenn es dafür zu spät ist, stellen wir es uns vor:

Magdalena wäre zum Ölberg gekommen und hätte mich mit ein paar Küssen überredet, mich für das Leben zu entscheiden. Wir wären zusammen geflohen und in ein fernes Land gegangen, wo niemand von meinem Ruf wüsste, und hätten dort das wunderbare Leben normaler Menschen geführt. Jede Nacht wäre ich mit meiner Frau im Arm eingeschlafen, jeden Morgen wäre ich neben ihr aufgewacht. Es wäre das größte Glück.

Aber warum mache ich meine Entscheidung in dieser Version von Magdalena abhängig? Warum bin ich nicht von selbst daraufgekommen? Ich hätte nur vor sie hintreten und meine Hand ausstrecken müssen. Sie wäre ohne zu zögern mit mir gegangen.

Aber ich habe nicht einmal daran gedacht.

Einst habe ich Wunder gewirkt. Jetzt könnte ich das nicht mehr. Meine Qualen sind zu groß, um an die Kraft der Rinde heranzukommen. Das gelang nur in vollkommener Unbewusstheit. Das Übermaß des Schmerzes verwehrt mir diesen Weg. Ich schwöre, wenn ich ein letztes Wunder tun könnte, würde ich von diesem Kreuz heruntersteigen.

Wirst du wohl aufhören, dir weh zu tun, du Traumtänzer? Ja, so rede ich mit mir.

Ich muss mir vergeben. Warum gelingt es mir nicht?

Weil ich darüber nachdenke. Und je mehr ich darüber nachdenke, desto weniger kann ich mir vergeben.

Das Denken hindert mich an der Vergebung.

Ich muss mir vergeben, ohne zu überlegen. Das hängt nur von meiner Entscheidung ab, nicht von meinem entsetzlichen Tun. Ich muss entscheiden, dass es vollbracht ist.

Als ich zehn war, spielte ich einmal mit den Kindern aus dem Dorf, alle sprangen von einem Felsvorsprung in den See, nur ich schaffte es nicht.

»Denk einfach nicht drüber nach«, sagte ein Junge zu mir.

Irgendwann hatte ich diese Leere im Kopf erreicht und sprang.

Es dauerte eine ganze Weile, bis ich im Wasser landete. Ich liebte diese Spannung.

Ich muss meinen Kopf leerkriegen. Ein Nichts schaffen, wo der Tumult tobt. Was man großspurig »Denken« nennt, ist nie mehr als ein Tinnitus.

Ich habe es geschafft.

Ich vergebe mir.

Karsamstag

Der tolle Mensch

Habt ihr nicht von jenem tollen Menschen gehört, der am hellen Vormittage eine Laterne anzündete, auf den Markt lief und unaufhörlich schrie: »Ich suche Gott! Ich suche Gott!« – Da dort gerade Viele von Denen zusammen standen, welche nicht an Gott glaubten, so erregte er ein grosses Gelächter. Ist er denn verloren gegangen? sagte der Eine. Hat er sich verlaufen wie ein Kind? sagte der Andere. Oder hält er sich versteckt? Fürchtet er sich vor uns? Ist er zu Schiff gegangen? ausgewandert? – so schrieen und lachten sie durcheinander. Der tolle Mensch sprang mitten unter sie und durchbohrte sie mit seinen Blicken. »Wohin ist Gott? rief er, ich will es euch sagen! Wir haben ihn getödtet, – ihr und ich! Wir Alle sind seine Mörder! Aber wie haben wir diess gemacht? Wie vermochten wir das Meer auszutrinken? Wer gab uns den Schwamm, um den ganzen Horizont wegzuwischen? Was thaten wir, als wir diese Erde von ihrer Sonne losketteten? Wohin bewegt sie sich nun? Wohin bewegen wir uns? Fort von allen Sonnen? Stürzen wir nicht fortwährend? Und rückwärts, seitwärts, vorwärts, nach allen Seiten? Giebt es noch ein Oben und ein Unten? Irren wir nicht wie durch ein unendliches Nichts? Haucht uns nicht der leere Raum an? Ist es nicht kälter geworden? Kommt nicht immerfort die Nacht und mehr Nacht? Müssen nicht Laternen am Vormittage angezündet werden? Hören wir noch Nichts von dem Lärm der Todtengräber, welche Gott begraben? Riechen wir noch Nichts von der göttlichen Verwesung? – auch Götter verwesen! Gott ist todt! Gott bleibt todt! Und wir haben ihn getödtet! Wie trösten wir uns, die Mörder aller Mörder? Das Heiligste und Mächtigste, was die Welt bisher besass, es ist unter unseren Messern verblutet, – wer wischt diess Blut von uns ab? Mit welchem Wasser könnten wir uns reinigen? Welche Sühnfeiern, welche heiligen Spiele werden wir erfinden müssen? Ist nicht die Grösse dieser That zu gross für uns? Müssen wir nicht selber zu Göttern werden, um nur ihrer würdig zu erscheinen? Es gab nie eine grössere That, – und wer nur immer nach uns geboren wird, gehört um dieser That willen in eine höhere Geschichte, als alle Geschichte bisher war!« – Hier schwieg der tolle Mensch und sah wieder seine Zuhörer an: auch sie schwiegen und blickten befremdet auf ihn. Endlich warf er seine Laterne auf den Boden, dass sie in Stücke sprang und erlosch. »Ich komme zu früh, sagte er dann, ich bin noch nicht an der Zeit. Diess ungeheure Ereigniss ist noch unterwegs und wandert, – es ist noch nicht bis zu den Ohren der Menschen gedrungen. Blitz und Donner brauchen Zeit, das Licht der Gestirne braucht Zeit, Thaten brauchen Zeit, auch nachdem sie gethan sind, um gesehen und gehört zu werden. Diese That ist ihnen immer noch ferner, als die fernsten Gestirne, – und doch haben sie dieselbe gethan!« – Man erzählt noch, dass der tolle Mensch des selbigen Tages in verschiedene Kirchen eingedrungen sei und darin sein Requiem aeternam deo angestimmt habe. Hinausgeführt und zur Rede gesetzt, habe er immer nur diess entgegnet: »Was sind denn diese Kirchen noch, wenn sie nicht die Grüfte und Grabmäler Gottes sind?« –

VLADIMIR NABOKOV

Osterregen

An jenem Tag hatte die alte und alleinstehende Schweizerin – Josephina Lwowna war sie in der russischen Familie genannt worden, bei der sie einst zwölf Jahre verbrachte – ein halbes Dutzend Eier gekauft, einen schwarzen Pinsel und zwei Purpurknöpfchen Wasserfarbe. An jenem Tag blühten die Apfelbäume, die Reklame des Lichtspieltheaters an der Ecke spiegelte sich, Beine zuoberst, in einer blanken Pfütze, und morgens waren die Berge jenseits des Genfer Sees gänzlich von seidigem Flor verhangen gewesen, ähnlich dem halb durchsichtigen Papier, das Radierungen in teuren Büchern bedeckt. Der Flor versprach einen heiteren Tag, aber die Sonne glitt nur kurz über die Dächer der schrägen Steinhäuschen und die tropfnassen Drähte der Spielzeugstraßenbahn, dann löste sie sich erneut in Nebelschwaden auf; es wurde ein stiller Tag, frühlingshaft bewölkt, gegen Abend jedoch blies von den Bergen ein schwerer, eisiger Wind, und Josephina, die auf dem Heimweg war, bekam einen solchen Hustenanfall, dass sie unter der Haustür taumelte, blaurot anlief und sich auf ihren stramm gewickelten Schirm stützte, der schmal war wie ein schwarzer Spazierstock.

Im Zimmer war es schon dunkel. Als sie die Lampe anzündete, fiel Licht auf ihre Hände, hagere, von glänzender

Haut überzogene Hände mit Alterssommersprossen und weißen Fleckchen auf den Fingernägeln. Josephina breitete ihre Einkäufe auf dem Tisch aus, warf Mantel und Hut aufs Bett, goss Wasser in ein Glas, und nachdem sie das schwarzumrandete Pincenez aufgesetzt hatte, das ihre dunkelgrauen Augen streng werden ließ unter den dichten, am Nasensattel zusammengewachsenen Trauerbrauen, ging sie daran, die Eier anzumalen. Doch das Karminrot der Wasserfarbe wollte nicht haften, sie hätte wohl eine chemische Farbe kaufen sollen, hatte aber nicht zu fragen gewusst, hatte sich geniert, es zu erklären. Sie überlegte, ob sie nicht zu einem ihr bekannten Apotheker gehen sollte, zumal sie auch gleich Aspirin kaufen könnte. Ihr Körper war so schlapp, von der Hitze schmerzten die Augäpfel; nur still dasitzen, still nachdenken mochte sie. Heute war bei den Russen Karsamstag.

Seinerzeit hatten zerlumpte Gestalten auf dem Newskij-Prospekt besondere Zangen verkauft. Mit diesen Zangen ließen sich die Eier so gut packen und aus der dunkelblauen oder orangegelben heißen Flüssigkeit herausnehmen. Es gab dazu aber auch Holzlöffel, sie pochten leicht und satt gegen die dicken Wände der Gläser, in denen würzig die Farbflüssigkeit dampfte. Die Eier trockneten dann in großen Haufen – die roten bei den roten, die grünen bei den grünen. Auch anders noch wurden sie gefärbt. Man wickelte sie fest in einen Lappen, in dem eine Art Abziehbild lag, dem Musterstück einer Tapete gleich. Und wenn der Lakai nach dem Kochen den riesigen Topf aus der Küche zurückbrachte, war es so vergnüglich, die Fäden loszuwickeln und die gesprenkelten, marmorierten Eier aus den feuchten, warmen Lappen herauszunehmen; sanfter Dunst stieg von ihnen auf, kindlicher Geruch.

Merkwürdig war für die alte Schweizerin die Erinnerung, dass sie zeit ihres Lebens in Russland Heimweh gehabt und an die Freunde zu Hause melancholische, wunderschöne lange Briefe geschrieben hatte, wie überflüssig sie sich immer vorkomme, wie unverstanden. Allmorgendlich war sie nach dem Frühstück mit ihrem Zögling Hélène im breiten, offenen Landauer spazieren gefahren, vor sich den dicken Kutscherhintern, der einem blauen Riesenkürbis glich, und daneben den gebeugten Rücken des greisen Lakaien – mit Goldknöpfen, Kokarden. Und an russischen Wörtern kannte sie nichts weiter als »Kutscher«, »tische-tische«, »nitschewo« …

Sobald der Krieg begann, hatte sie Petersburg mit vager Erleichterung verlassen. Sie stellte sich vor, nun würde sie sich immerfort am Geplauder abendlicher Freunde delektieren, an der Gemütlichkeit ihres Heimatstädtchens. Doch es kam gerade umgekehrt; ihr wahres Leben – das heißt, jener Teil des Lebens, wenn der Mensch sich am heftigsten und tiefsten Dingen und Menschen anschließt – hatte dort in Russland stattgefunden, das sie unbewusst liebgewonnen und begriffen hatte und wo jetzt weiß der Himmel was los war … Und morgen war das orthodoxe Osterfest. Josephina Lwowna seufzte geräuschvoll, stand auf und machte das Vorsatzfenster besser zu. Sie sah auf die Uhr, eine schwarze Uhr an einem Nickelkettchen. Trotz allem, sie musste etwas unternehmen mit diesen Eiern. Sie waren als Geschenk für die Platonows bestimmt, ein älteres russisches Ehepaar, das sich kürzlich in Lausanne niedergelassen hatte, in diesem ihr vertrauten und fremden Städtchen, wo man schwer Luft bekam und wo die Häuser wie zufällig in der Gegend standen, krumm und schief entlang der steilen, verwinkelten Sträßchen.

Sie hing ihren Gedanken nach, dem Dröhnen in den Ohren lauschend, dann schreckte sie auf, goss ein Fläschchen lila Tinte in eine Blechdose und senkte vorsichtig ein Ei hinein.

Leise öffnete sich die Tür. Wie eine Maus huschte die Nachbarin, Mlle. Finard, herein, auch eine ehemalige Gouvernante – klein, hager, das gänzlich silbergraue Haar kurzgeschnitten, um die Schultern ein schwarzes, wie von Schmelz überzogenes Tuch. Als Josephina ihre Mäuseschrittchen hörte, deckte sie unbeholfen eine Zeitung über die Dose und die Eier, die auf Fließpapier trockneten.

»Was wollen Sie? Ich mag es nicht, wenn man so bei mir eintritt …«

Mlle. Finard schaute von der Seite auf Josephinas erregtes Gesicht, sagte nichts, war aber schrecklich gekränkt und verließ schweigend, mit dem gleichen trippelnden Gang, das Zimmer.

Die Eier hatten jetzt eine giftig violette Farbe. Auf eines, das nicht gefärbt war, beschloss sie die Anfangsbuchstaben des Ostergrußes zu malen, wie das in Russland immer gemacht wurde. Der erste Buchstabe, das х, gelang ihr gut, an den zweiten konnte sie sich jedoch beim besten Willen nicht recht erinnern, und statt eines в kam zuletzt ein ungeschicktes, schiefes я zustande. Als die Tinte ganz trocken war, wickelte sie die Eier in weiches Toilettenpapier und legte sie in ihre Ledertasche.

Doch was für eine quälende Schlappheit … Am liebsten hätte sie sich ins Bett gelegt, heißen Kaffee getrunken und die Beine ausgestreckt. Sie fröstelte, es stach ihr in den Augenlidern. Und als sie auf die Straße trat, drängte wieder das trockene Gekodder des Hustens die Kehle hoch. Draußen war es menschenleer, nasskalt und dunkel. Die Platonows wohnten ganz in der Nähe. Sie saßen am Teetisch, und der kahlköpfige, dünnbärtige Platonow, der ein Sergehemd mit schiefem Kragen trug, stopfte gelben Tabak in Hülsen, als Josephina Lwowna mit dem Schirmknauf gegen die Tür pochte und eintrat.

»Oh, guten Abend, Mademoiselle!«

Sie setzte sich zu ihnen und begann geschmacklos und wortreich davon zu reden, dass morgen das russische Osterfest sei. Stück für Stück zog sie die violetten Eier aus der Tasche. Platonow bemerkte das mit den lila Buchstaben х. я., und er musste lachen.

»Was sie da für jüdische Initialen drauffabriziert hat …«

Seine Gattin, eine korpulente Dame mit Kummerblick und gelbbrauner Perücke, lächelte flüchtig; sie bedankte sich gleichmütig, wobei sie die französischen Vokale langzog. Josephina begriff nicht, warum die beiden gelacht hatten. Ihr war heiß und traurig zumute. Wieder begann sie zu reden; sie spürte, dass sie nicht das Richtige sagte, konnte sich aber nicht bremsen.

»Ja, in diesen Zeiten gibt es in Russland kein Osterfest … Russland ist arm. Oh, ich erinnere mich, wie sich alle auf den Straßen küssten. Und meine kleine Hélène war an diesem Tag wie ein Engel … Oh, ich weine nächtelang, wenn ich an Ihre wunderschöne Heimat denke …«

Den Platonows waren solche Gespräche immer unangenehm. Wie verarmte reiche Leute ihr Elend verbergen und noch stolzer, noch unzugänglicher werden, so unterhielten auch sie sich niemals mit Dritten über die verlorene Heimat, und Josephina glaubte deshalb insgeheim, sie liebten Russland überhaupt nicht. Wenn sie sie besuchte, stellte sie sich gewöhnlich vor, sie müsse nur anfangen, mit Tränen in den Augen über dieses wunderschöne Russland zu sprechen, plötzlich würden auch die Platonows in Tränen ausbrechen, ebenfalls Erinnerungen hervorkramen und erzählen, und so würden sie zu dritt die ganze Nacht sitzen, sich erinnern und weinen und sich gegenseitig die Hand drücken.

In Wirklichkeit kam es niemals dazu … Platonows Bärtchen nickte höflich und teilnahmslos, während seine Frau nur darauf erpicht war zu erfahren, wo man möglichst billig Tee oder Seife ergattern konnte.

Platonow ging erneut daran, Papirossy zu stopfen; seine Frau verstaute sie gleichmäßig in Pappschachteln. Beide hatten damit gerechnet, sich noch hinlegen zu können, bevor sie sich zur Messe begaben, in die griechische Kirche gleich um die Ecke … Am liebsten hätten sie geschwiegen, ihren Gedanken nachgehangen, allein durch Blicke gesprochen, durch ein besonderes, gleichsam zerstreutes Lächeln – über den auf der Krim umgekommenen Sohn, über österlichen Kleinkram, über die Hauskapelle auf der Potschtamtskaja; aber da musste diese geschwätzige, sentimentale Alte mit ihren unruhigen dunkelgrauen Augen hereingeschneit kommen und seufzen, und sie würde sitzen bleiben bis zu dem Augenblick, da sie selbst aus dem Haus gingen.

Josephina verstummte. Sie wünschte inbrünstig, dass sie vielleicht zum Kirchgang eingeladen würde und anschließend zum Ostermahl. Sie wusste, dass die Platonows am Abend zuvor Kulitsche gebacken hatten, und obwohl sie natürlich nichts hätte essen können, sie fröstelte zu sehr, trotzdem – es wäre schön gewesen, warm und festtäglich.

Platonow knirschte mit den Zähnen, um ein Gähnen zu unterdrücken, und blickte verstohlen auf sein Handgelenk, auf das Zifferblatt unter dem Gitter. Josephina begriff, dass man sie nicht auffordern würde. Sie erhob sich.

»Sie brauchen ein wenig Ruhe, meine guten Freunde. Aber bevor ich gehe, möchte ich Ihnen noch sagen …«

Sie trat nahe zu Platonow, der sich ebenfalls erhoben hatte, und rief laut und mit Fehlern aus:

»Christus ist auferstanden!«

Dies war ihre letzte Hoffnung, eine Sturmflut heißer, süßer Tränen und österlicher Küsse hervorzulocken und eine Einladung zum gemeinsamen Ostermahl … Doch Platonow richtete lediglich die Schultern gerade und lachte ruhig.

»Na, sehen Sie, Mademoiselle, Sie sagen das wunderbar auf Russisch …«

Als sie auf die Straße trat, brach sie in Schluchzen aus; das Taschentuch gegen die Augen gepresst, ging sie leicht taumelnd, und der Seidenstock ihres Schirms pochte aufs Trottoir. Der Himmel war hoch und unruhig: ein trüber Mond, Wolkentürme wie Ruinen. Beim erleuchteten Lichtspieltheater spiegelten sich die ausgestellten Füße des krausköpfigen Chaplin in der Pfütze. Und als Josephina unter rauschenden, Tränen vergießenden Bäumen den See entlangging, der einer Nebelwand glich, da sah sie: Am Rand einer kleinen Mole leuchtete spärlich eine smaragdgrüne Laterne, und in die schwarze Schaluppe, die unten im Wasser schwappte, kletterte etwas Großes, Weißes ... Sie schaute trotz der Tränen genauer hin: Ein riesiger alter Schwan hatte sich aufgeplustert, schlug mit dem Flügel und wälzte sich, plump wie eine Gans, mühsam über die Bordkante; die Schaluppe geriet ins Schaukeln, und grüne Kreise strömten über das schwarze, ölige Wasser, das in Nebel überging.

Josephina überlegte, ob sie nicht doch in die Kirche gehen sollte. Aber in Petersburg war sie nur in der Backsteinkirche der Reformierten am Ende der Morskaja gewesen, und nun hatte sie Hemmungen, ein orthodoxes Gotteshaus zu betreten, sie wusste nicht, wann sie sich bekreuzigen, wie sie die Finger zusammenlegen musste, sie hätte sich einen Verweis zuziehen können. Durchdringender Schüttelfrost hielt sie gepackt. In ihrem Kopf vermengten sich das Rascheln und Klatschen des Laubs, die schwarzen Wolken – und die Ostererinnerungen, die Berge vielfarbiger Eier, der bräunliche Glanz der Isaaks-Kathedrale ... Umnebelt, betäubt, schleppte sie sich irgendwie nach Hause und stieg die Treppe hoch, wobei ihre Schulter gegen die Wand stieß; dann zog sie sich aus – schwankend, mit den Zähnen ganze Trommelwirbel klappernd – und fiel entkräftet, mit seligem, verwundertem Lächeln ins Bett. Fieberwahn, stürmisch und mächtig wie wogender Glockenklang, ergriff von ihr Besitz. Die Berge vielfarbiger Eier zerstoben mit einem runden Klacken; durchs Fenster herein brach – sei es die Sonne, sei es ein Hammel aus Butter mit goldenen

Hörnern, wuchs immer mehr und erfüllte das ganze Zimmer mit heißem Gelb. Die Eier aber rollten hinauf und hinab über glänzende Brettchen, klackten gegeneinander, die Schale riss – und auf dem Eiweiß waren himbeerrote Schlieren …

So phantasierte sie die ganze Nacht, und erst morgens trat die noch gekränkte Mlle. Finard zu ihr ins Zimmer – und stöhnte auf vor Schreck, rannte den Doktor holen.

»Eine kruppöse Lungenentzündung, Mademoiselle.« Durch die Fieberwellen blitzten die Tapetenblumen, das Silberhaar der Alten, die ruhigen Augen des Doktors – blitzten auf und verschwammen, und erneut wurde ihr Herz von einem erregten Glückstosen erfasst, märchenhaft blau strahlte der Himmel, wie ein gigantisches gefärbtes Ei, es dröhnten die Glocken, und jemand trat ins Zimmer, der aussah – sei es wie Platonow, sei es wie Hélènes Vater, und kaum hereingekommen, faltete er eine Zeitung auseinander, legte sie auf den Tisch, setzte sich selbst in einiger Entfernung hin und blickte bald auf Josephina, bald auf die weißen Blätter, und das mit bedeutsamem, bescheidenem, leicht verschmitztem Lächeln. Und Josephina wusste, dass dort in der Zeitung eine wunderbare Botschaft stand, aber sie konnte die schwarze Überschrift, die russischen Buchstaben, einfach nicht entziffern – der Besucher dagegen lächelte unentwegt und blickte bedeutsam, und es kam ihr vor, als würde er ihr jetzt gleich das Geheimnis eröffnen, das Glück bestätigen, das sie vorausahnte – doch langsam löste der Mann sich auf, zog die schwarze Wolke der Besinnungslosigkeit herauf …

Dann wurden die Fieberträume erneut bunt, rollte der

Landauer über die Uferstraße, Hélène schleckte mit einem Holzlöffel heiße, grellbunte Farbe, breit glitzerte die Newa, und Zar Peter sprang plötzlich vom ehernen Pferd, das beide Hufe aufs Mal zu Boden senkte; er trat zu Josephina, ein Lächeln auf dem stürmischen, grünen Gesicht, umfasste sie – und küsste sie auf die eine Wange, dann die andere, seine Lippen waren sanft und warm, und als er zum dritten Mal ihre Wange berührte, schlug sie mit einem Glücksstöhnen um sich, breitete die Arme aus – und wurde mit einem Mal ruhig.

Am sechsten Krankheitstag, frühmorgens nach der Krisis, kam Josephina Lwowna zu sich. Vor dem Fenster schimmerte hell ein weißer Himmel, senkrecht fiel der Regen, rauschte und gluckste in den Dachrinnen. Ein nasser Zweig reckte sich quer über die Fensterscheibe, und das Blatt ganz am Ende erzitterte ständig unter den Regenschlägen, es neigte sich, ließ von der grünen Spitze einen großen Tropfen fallen und erzitterte von neuem, und von neuem rollte ein feuchter Strahl darüber, hing ein langer, lichter Ohrschmuck herab – und fiel …

Josephina kam es vor, als flösse ihr Regenkühle durch die Adern, sie konnte den Blick nicht losreißen von dem strömenden Himmel – und der wogende, hingebungsvolle Regen war so angenehm, so rührend erzitterte das Blatt, dass sie am liebsten gelacht hätte, Lachen erfüllte sie, war aber noch tonlos, überschwemmte den Körper, kitzelte den Gaumen – gleich würde es herausplatzen …

Links in der Zimmerecke scharrte etwas und stöhnte. Bebend von dem in ihr wachsenden Lachen, lenkte sie den Blick vom Fenster weg und wandte das Gesicht. Auf dem

Boden lag bäuchlings die Alte in ihrem schwarzen Tuch, die kurzgeschnittenen silbernen Haare wippten ärgerlich, sie rutschte umher und streckte die Hand unter den Schrank, wohin das Wollknäuel gerollt war. Ein schwarzer Faden kroch unterm Schrank vor zum Stuhl, wo Stricknadeln und ein unfertiger Strumpf lagen.

Beim Anblick des schwarzen Rückens von Mlle. Finard, der rutschenden Beine und der Knopfstiefeletten ließ Josephina das Lachen aus sich herausbrechen, sie schüttelte sich, gurrend und keuchend, unter ihrem Federbett, da sie fühlte, dass sie auferstanden war, dass sie zurückgekehrt war von weit her, aus dem Nebel des Glücks, der Wunder und der österlichen Herrlichkeit.

Karsamstagslegende

Den Verwaisten gewidmet

Seine Dornenkrone
Nahmen sie ab
Legten ihn ohne
Die Würde ins Grab.

Als sie gehetzt und müde
Andern Abends wieder zum Grabe kamen
Siehe, da blühte
Aus dem Hügel jenes Dornes Samen.

Und in den Blüten, abendgrau verhüllt
Sang wunderleise
Eine Drossel süß und mild
Eine helle Weise.

Da fühlten sie kaum
Mehr den Tod am Ort
Sahen über Zeit und Raum
Lächelten im hellen Traum
Gingen träumend fort.

Der ruhige Ostersamstag

Mariama war mit der Frisur ihrer Kundin fertig und besprühte sie mit Glanzspray, und nachdem die Kundin gegangen war, sagte sie: »Ich hole was beim Chinesen.« Aisha und Halima sagten, was sie haben wollten – General Tsos sehr scharfes Huhn, Hähnchenflügel, Huhn in Orangensoße –, ohne zu zögern wie Leute, die jeden Tag die gleichen Gerichte nannten.

»Willst du auch etwas?«, fragte Mariama Ifemelu.

»Nein, danke«, sagte Ifemelu.

»Deine Haare brauchen lang. Du musst essen«, sagte Aisha.

»Ich will nichts. Ich habe einen Granola-Riegel«, sagte Ifemelu. Sie hatte auch ein paar kleine Karotten in einer Plastiktüte dabei, allerdings hatte sie bis jetzt nur die geschmolzene Schokolade gegessen.

»Was für Riegel?«, fragte Aisha.

Ifemelu zeigte ihr den Riegel, bio, hundert Prozent Vollkorn mit echten Früchten.

»Das ist kein Essen!«, höhnte Halima und wandte den Blick vom Fernseher.

»Sie fünfzehn Jahre hier, Halima«, sagte Aisha, als würde die Länge ihres Aufenthalts in Amerika erklären, warum Ifemelu einen Granola-Riegel aß.

»Fünfzehn? Lange Zeit«, sagte Halima.

Aisha wartete, bis Mariama gegangen war, und nahm dann ihr Handy aus der Hosentasche. »'tschuldigung, ich ruf schnell an«, sagte sie und ging nach draußen. Nachdem sie telefoniert hatte, kam sie strahlend zurück, ihr lächelndes Gesicht war auf ebenmäßige Weise hübsch, was Ifemelu zuvor nicht aufgefallen war.

»Emeka spät aufgestanden. Nur Chijioke kann kommen, bevor wir fertig sind«, sagte sie, als hätten sie und Ifemelu es gemeinsam geplant.

»Hör mal, sie brauchen nicht kommen. Ich weiß gar nicht, was ich zu ihnen sagen soll«, sagte Ifemelu.

»Sag Chijioke, Igbo kann Nicht-Igbo heiraten.«

»Aisha, ich kann ihm nicht sagen, dass er dich heiraten soll. Wenn er will, wird er dich heiraten.«

»Sie wollen mich heiraten. Aber ich bin nicht Igbo!« In Aishas Augen schimmerten Tränen; die Frau musste etwas labil sein.

»Haben sie das gesagt?«, fragte Ifemelu.

»Emeka sagt, seine Mutter sagt, sie sich bringt um, wenn er heiratet Amerikanerin«, sagte Aisha.

»Das ist nicht richtig.«

»Aber ich bin Afrikanerin.«

»Dann wird sie sich vielleicht nicht umbringen, wenn er dich heiratet.«

Aisha sah sie ausdruckslos an. »Mutter von deinem Freund will, dass er dich heiratet?«

Ifemelu dachte zuerst an Blaine, doch dann begriff sie, dass Aisha natürlich von ihrem angeblichen Freund sprach.

»Ja. Sie fragt immer wieder, wann wir heiraten.« Sie

staunte über die Leichtigkeit, mit der sie log, als hätte sie sich selbst davon überzeugt, dass sie nicht in Erinnerungen lebte, auf denen sich der Mehltau von dreizehn Jahren angesammelt hatte. Aber es hätte stimmen können; Obinzes Mutter hatte sie schließlich gemocht.

»Ah!«, sagte Aisha auf wohlwollende Weise neidisch.

Ein Mann mit trockener gräulicher Haut und einem weißen Wuschelkopf kam mit einem Plastiktablett herein und bot Kräuterlotionen zum Kauf an.

»Nein, nein, nein«, sagte Aisha zu ihm, die Hand erhoben, als wollte sie ihn abwehren. Der Mann ging wieder. Er tat Ifemelu leid. In seinem fadenscheinigen afrikanischen Hemd hatte er hungrig ausgesehen, und sie fragte sich, wie viel er mit seinen Verkäufen verdiente. Sie hätte ihm etwas abkaufen sollen.

»Du redest Igbo mit Chijioke. Er hört auf dich«, sagte Aisha. »Du redest Igbo?«

»Natürlich spreche ich Igbo«, sagte Ifemelu und fragte sich, ob Aisha erneut meinte, dass Amerika sie verändert hatte. »Vorsichtig!«, fügte sie hinzu, denn Aisha zog einen engzahnigen Kamm durch einen Teil ihres Haars.

»Deine Haare sind hart«, sagte Aisha.

»Sie sind nicht hart«, sagte Ifemelu bestimmt. »Du benutzt den falschen Kamm.« Und sie nahm Aisha den Kamm aus der Hand und legte ihn auf den Tisch.

Ifemelu war im Schatten des Haars ihrer Mutter aufgewachsen. Es war kohlrabenschwarz und so dick, dass es im Salon zwei Behälter Glättungsmittel aufsaugte, so voll, dass es stundenlang unter der Haube trocknen musste, und als endlich die rosa Lockenwickler herausgenommen wurden, hing es frei und elastisch über ihren Rücken, als wollte es jubeln. Ihr Vater nannte es eine prächtige Krone. »Ist Ihr Haar echt?«, fragten Fremde und berührten es ehrfürchtig. Andere fragten: »Sind Sie aus Jamaika?«, als könnte nur ausländisches Blut so üppiges Haar erklären, das an den Schläfen nicht ausdünnte. Während ihrer Kindheit schaute Ifemelu oft in den Spiegel und zog an ihrem eigenen Haar, entwirrte die Locken und wollte, dass es so wäre wie das ihrer Mutter, aber es blieb kraus und wuchs nur widerwillig; Zöpfeflechterinnen behaupteten, dass es scharf wie ein Messer war.

In dem Jahr, als Ifemelu zehn wurde, kam ihre Mutter eines Tages von der Arbeit nach Hause und sah völlig verändert aus. Ihre Kleidung war dieselbe, ein braunes Kleid mit einem Gürtel um die Taille, doch ihr Gesicht war gerötet, ihr Blick wirr. »Wo ist die große Schere?«, fragte sie, und als Ifemelu sie ihr brachte, hob sie sie an den Kopf und schnitt sich eine Handvoll Haar nach der anderen ab. Ifemelu starrte sie fassungslos an. Die Haare lagen wie totes Gras auf dem Boden. »Bring mir eine große Tüte«, sagte ihre Mutter. Ifemelu gehorchte wie in Trance, weil Dinge geschahen, die sie nicht verstand. Sie sah zu, wie ihre Mutter durch die Wohnung ging und alle katholischen Gegenstände einsammelte, die an den Wänden hängenden Kruzifixe, die in Schubladen liegenden Rosenkränze, die in Regalen stehenden Messbücher. Ihre Mutter warf alles in die Plastiktüte und trug sie dann in den Hof hinter dem Haus, ihre Schritte hastig, den Blick unverwandt in die Ferne gerichtet. Neben dem Müllplatz entfachte sie ein

Feuer an der Stelle, an der sie auch ihre Monatsbinden verbrannte. Als Erstes warf sie ihr Haar hinein, eingewickelt in eine alte Zeitung, und dann eins nach dem anderen die Objekte des Glaubens. Dunkelgrauer Rauch stieg auf. Auf der Terrasse begann Ifemelu zu weinen, weil sie spürte, dass etwas passiert war, und die Frau, die neben dem Feuer stand, mehr Kerosin darüberspritzte, wenn es niederbrannte, und zurücktrat, wenn es aufflackerte, die Frau, die kahlköpfig und ausdruckslos dastand, nicht ihre Mutter war, nicht ihre Mutter sein konnte.

Als ihre Mutter wieder hereinkam, wich Ifemelu vor ihr zurück, doch ihre Mutter zog sie an sich.

»Ich bin errettet worden«, sagte sie. »Mrs Ojo hat mir heute während der Nachmittagspause gepredigt, und ich habe Christus empfangen. Alles Alte ist von mir abgefallen, und alles ist neu geworden. Gelobt sei der Herr. Sonntags gehen wir jetzt zur Revival Saints. Es ist eine bibeltreue und lebendige Kirche, nicht wie St. Dominik.« Es war nicht ihre Mutter. Sie sprach die Worte zu streng, als wäre sie nicht sie selbst. Ihre Stimme, normalerweise hoch und feminin, war tief und belegt. An diesem Nachmittag musste Ifemelu mit ansehen, wie sich das Wesen ihrer Mutter verflüchtigte. Früher hatte ihre Mutter hin und wieder den Rosenkranz gebetet, sich vor dem Essen bekreuzigt, hübsche Heiligenbildchen um den Hals getragen, lateinische Lieder gesungen und gelacht, wenn Ifemelus Vater sie wegen ihrer schrecklichen Aussprache verspottete. Sie hatte auch gelacht, wann immer er sagte: »Ich bin Agnostiker und respektiere die Religion«, und erwidert, wie glücklich er sich schätzen könne, mit ihr verheiratet zu sein, denn er flöge auf den Flügeln ihres Glaubens in den Himmel, obwohl er nur zu Hochzeiten und Beerdigungen in die Kirche gehe. Doch nach diesem Nachmittag war ihr Gott ein anderer. Er stellte Ansprüche. Entkraustes Haar brachte Ihn auf. Tanzen brachte Ihn auf. Sie feilschte mit Ihm, bot Ihm den Hungertod im Tausch gegen Wohlstand, eine Beförderung, Gesundheit. Sie fastete, bis sie nur noch aus Haut und Knochen bestand: An Wochenenden trank und aß sie nichts, an Werktagen trank sie abends kein Wasser mehr. Ifemelus Vater verfolgte sie mit besorgtem Blick, drängte sie, ein bisschen mehr zu essen, ein bisschen weniger zu fasten, wählte die Worte mit Bedacht, damit sie ihn nicht einen Erfüllungsgehilfen des Teufels nannte und ignorierte, wie sie es mit der Cousine tat, die bei ihnen wohnte. »Ich faste für die Bekehrung deines Vaters«, sagte sie oft zu Ifemelu. Monatelang war die Luft in ihrer Wohnung wie gesprungenes Glas. Alle machten auf Zehenspitzen einen Bogen um ihre Mutter, die zu einer Fremden geworden war, dürr und knochig und streng. Ifemelu hatte Angst, dass sie eines Tages einfach entzweibrechen und sterben würde.

Dann, am Ostersamstag, ein Tag voller Verdruss, der erste ruhige Ostersamstag in Ifemelus Leben, kam ihre Mutter aus der Küche gerannt und sagte: »Ich habe einen Engel gesehen!« Früher hatten sie gekocht und geschuftet, die Küche voller Töpfe und die Wohnung voller Verwandter, und Ifemelu und ihre Mutter waren abends in die Kirche gegangen, hatten brennende Kerzen in der Hand gehalten und in einem Meer flackernder Flammen gesungen, waren nach Hause zurückgekehrt und hatten weiter das große Ostermittagessen gekocht. Doch jetzt herrschte

Stille in der Wohnung. Die Verwandten waren nicht gekommen, und zum Essen gäbe es wie immer Reis und Eintopf. Ifemelu war bei ihrem Vater im Wohnzimmer, und als ihre Mutter sagte: »Ich habe einen Engel gesehen!«, sah Ifemelu kurz Ärger in seinen Augen auflodern und gleich wieder erlöschen.

»Was ist passiert?«, fragte er in dem beschwichtigenden Tonfall, den man einem Kind gegenüber anschlägt, als würde sich der Wahnsinn seiner Frau legen, wenn er ihn nur geduldig ertrug.

Ihre Mutter erzählte ihnen von der Vision, die sie gerade gehabt hatte, von der gleißenden Erscheinung eines Engels neben dem Gaskocher, der ein mit rotem Faden gebundenes Buch in der Hand hielt und ihr riet, die Revival Saints zu verlassen, denn der Prediger sei ein Hexer, der sich des Nachts unter dem Meer mit dem Teufel traf.

»Du solltest auf den Engel hören«, sagte ihr Vater.

Und so verließ ihre Mutter die Kirche und ließ sich das Haar wieder wachsen, hörte jedoch auf, Halsketten und Ohrringe zu tragen, denn der Prediger von Miracle Spring erklärte Schmuck für unchristlich und einer tugendhaften Frau für nicht angemessen. Kurz darauf, am selben Tag, an dem der gescheiterte Staatsstreich stattfand, während die Händlerinnen, die unten wohnten, weinten, weil der Staatsstreich Nigeria gerettet hätte und Marktfrauen zu Ministerinnen ernannt worden wären, hatte ihre Mutter eine weitere Vision. Dieses Mal tauchte der Engel in ihrem Schlafzimmer auf, oberhalb des Kleiderschranks, und wies sie an, Miracle Spring zu verlassen und sich Guiding Assembly anzuschließen. Während der ersten Messe, die Ifemelu mit ihrer Mutter besuchte, in einer Kongresshalle mit Marmorboden, umgeben von parfümierten Menschen und dem Echo volltönender Stimmen, blickte Ifemelu zu ihrer Mutter auf und sah, dass sie gleichzeitig weinte und lachte. In dieser Kirche der Hoffnung, des Stampfens und Klatschens, in der sich Ifemelu einen Wirbel aus wohlhabenden Engeln über ihren Köpfen vorstellte, fand die Seele ihrer Mutter ein Zuhause. Es war eine Kirche der Neureichen; der kleine Wagen ihrer Mutter war das älteste Auto auf dem Parkplatz, der Lack matt und zerkratzt. Wenn sie mit den Begüterten zur Messe ging, so sagte sie, würde Gott sie segnen, so wie Er die anderen gesegnet hatte. Sie trug wieder Schmuck und trank Guinness; sie fastete nur noch einmal in der Woche und sagte häufig »*Mein* Gott sagt« und »In *meiner* Bibel steht«, als wären der Gott und die Bibel anderer Leute nicht nur anders, sondern irreführend. Ihre Antwort auf ein »Guten Morgen« oder »Guten Tag« war ein fröhliches »Gott segne Sie!«. Ihr neuer Gott war freundlich und ließ sich Befehle erteilen. Jeden Morgen weckte sie den Haushalt zum Gebet, und sie knieten auf dem kratzigen Teppich im Wohnzimmer, sangen, klatschten in die Hände und tauchten den vor ihnen liegenden Tag in Christi Blut. Die Worte ihrer Mutter durchdrangen die Stille der Dämmerung: »Gott, mein himmlischer Vater, ich befehle dir, diesen Tag mit Segnungen zu füllen und mir zu beweisen, dass du Gott bist! Herr, ich erwarte, dass du mich wohlhabend machst! Lass das Böse nicht siegen, lass meine Feinde nicht über mich triumphieren!« Auch wenn Ifemelus Vater einmal behauptete, dass die Gebete wahnhafte Kämpfe mit eingebildeten Verleumdern seien, bestand er darauf, dass Ifemelu zu diesen frühen Gebeten aufstand. »Es macht deine Mutter glücklich«, sagte er.

Wenn es in der Kirche an der Zeit war, Zeugnis abzulegen, eilte ihre Mutter als Erste zum Altar. »Heute Morgen hatte ich einen Schnupfen«, sagte sie. »Doch als Pastor Gideon anfing zu beten, ist er abgeklungen. Jetzt bin ich gesund. Gelobt sei der Herr!« Die Gläubigen riefen »Alleluia!«, und andere taten es ihr nach. *Ich habe nicht gelernt, weil ich krank war, und doch habe ich die Prüfungen mit Bravour bestanden! Ich hatte Malaria und habe gebetet und wurde geheilt! Mein Husten verschwand, als der Pastor zu beten begann!* Aber ihre Mutter trat immer als Erste vor, sie glitt lächelnd zum Altar, umhüllt vom Glühen der Erlösung. Später, als Pastor Gideon in dem Anzug mit den breiten Schultern und den spitzen Schuhen aufsprang und sagte »Unser Gott ist kein armer Gott, Amen? Unsere Pflicht ist es, erfolgreich zu sein, Amen?«, streckte Ifemelus Mutter den Arm gen Himmel, während sie sagte: »Amen, Vater, Herr im Himmel, Amen.«

Ifemelu glaubte nicht, dass Gott dem Pastor das große Haus und die vielen Autos geschenkt hatte, er hatte sie selbstverständlich mit dem Geld aus den drei Kollekten gekauft, die bei jedem Gottesdienst durchgeführt wurden, und sie glaubte auch nicht, dass Gott für alle tun würde, was Er für Pastor Gideon getan hatte, weil das schlichtweg unmöglich war, doch sie war froh, dass ihre Mutter jetzt wieder regelmäßig aß. Die Herzlichkeit war in ihre Augen zurückgekehrt, ihre Haltung brachte eine neue Freude zum Ausdruck, sie blieb nach dem Essen wieder mit ihrem Vater am Tisch sitzen und sang laut, während sie sich wusch.

Ihre neue Kirche fing sie auf, zerstörte sie jedoch nicht. Sie machte sie vorhersehbar, und somit war es leicht, sie anzulügen. Um während ihrer Teenagerjahre ungehindert ausgehen zu können, sagte Ifemelu einfach »Ich gehe in die Bibelstunde« oder »Ich gehe in den Gemeindesaal«. Ifemelu interessierte sich nicht für die Kirche, sie unternahm keinerlei Glaubensanstrengung, vielleicht weil ihre Mutter sich schon so sehr bemühte. Doch der Glaube ihrer Mutter tröstete sie; sie stellte ihn sich als weiße Wolke vor, die gütig über ihrem Kopf schwebte, wohin immer sie sich wandte.

FJODOR DOSTOJEWSKIJ
Der letzte Frühling

Geliebte Väter und Lehrer, geboren bin ich in einem weit entlegenen Gouvernement, im Norden, in der Stadt W., als Sohn eines Mannes von Adel, aber nicht von Namen und nicht von Rang. Er verschied, als ich erst zwei Jahre zählte, und ich erinnere mich an ihn überhaupt nicht. Er hinterließ meiner Mutter ein Holzhaus, nicht sonderlich groß, und ein gewisses Kapital, nicht bedeutend, aber ausreichend, um mit den Kindern ohne Not auszukommen. Meine Mutter hatte nur uns zwei: mich, Sinowij, und meinen älteren Bruder Markel. Er war fast acht Jahre älter als ich, war von auffahrendem und reizbarem Gemüt, hatte aber ein gutes Herz, war niemals spöttisch und eigenartig schweigsam, besonders zu Hause, mit mir, unserer Mutter und den Dienstboten. Im Gymnasium war er ein guter Schüler, schloß aber keine Freundschaften mit seinen Kameraden, wenn er auch niemals Streit mit ihnen suchte, jedenfalls nach den Erinnerungen meiner Mutter. Im letzten halben Jahr vor seinem Tod – er war schon siebzehn – pflegte er einen in unserer Stadt zurückgezogen lebenden Mann zu besuchen, wohl einen politischen Verbannten, der als Freidenker aus Moskau in unsere Stadt ausgewiesen worden war. Und nun war dieser Verbannte ein nicht unbedeutender Gelehrter und angesehener Philosoph an der

Universität gewesen. Warum auch immer, er fand Gefallen an Markel und sah ihn gern bei sich. Der Jüngling verbrachte bei ihm Abend für Abend, den ganzen Winter hindurch, bis der Verbannte zurückgerufen wurde, in den Staatsdienst nach Petersburg, auf eigenes Ersuchen, denn er hatte Fürsprecher. Es beginnen die Großen Fasten, aber Markel will nicht fasten, schimpft und macht sich darüber lustig. »Alles Unfug«, sagt er, »und es gibt auch keinen Gott«, und versetzt damit unsere Mutter, die Dienstboten und auch mich in großen Schrecken, denn auch ich war, obwohl damals erst ein Kind von neun Jahren, als ich seine Worte hörte, sehr erschrocken. Unsere Dienstboten waren lauter Leibeigene, vier an der Zahl, alle auf den Namen eines uns bekannten Gutsherrn gekauft. Ich erinnere mich noch, wie meine Mutter von diesen vieren die Köchin verkaufte, sie hieß Afimja, hinkte und war schon älter, für sechzig Rubel in Scheinen, und an ihrer Stelle eine Freie dingte. Auf einmal, es war die sechste Fastenwoche, fühlte sich mein Bruder plötzlich elend – er war schon immer anfällig gewesen, schwach auf der Brust, schmächtig und neigte zur Schwindsucht; nicht gerade klein, aber mager und schmalbrüstig, das Gesicht aber wohlgebildet. Er hatte sich vielleicht irgendwann verkühlt, aber der herbeigerufene Arzt flüsterte bald unserer Mutter zu, es liege galoppierende Schwindsucht vor und er werde das Frühjahr nicht überleben. Da begann unsere Mutter zu weinen und den Bruder behutsam zu bitten (mehr, um ihn nicht zu erschrecken), sich auf den Empfang des Heiligen Abendmahls in der Kirche vorzubereiten, denn damals konnte er noch gehen. Als er das hörte, geriet mein Bruder in Zorn und verhöhnte die Kirche Gottes, wurde jedoch nachdenklich: Er verstand sofort, daß seine Krankheit gefährlich war und daß seine Mutter ihm deshalb empfahl, solange seine Kräfte noch ausreichten, sich auf den Empfang der Sakramente vorzubereiten. Übrigens wußte er schon seit langem, daß er krank war, und hatte schon vor einem Jahr einmal bei Tisch zu mir und unserer Mutter gelassen gesagt: »Meine Tage unter euch sind gezählt, und es kann sein, daß ich kein Jahr mehr zu leben habe«, und nun war es so, als hätte er prophezeit. Es vergingen etwa drei Tage, und die Karwoche begann. Und da begab sich der Bruder am Morgen des Dienstags in die Kirche, um sich vorzubereiten. »Ich tue es, Mutter, eigentlich Ihnen zuliebe – um Ihnen eine Freude zu machen und Sie zu beruhigen«, sagte er zu ihr. Unserer Mutter kamen die Tränen, vor Freude, aber auch vor Kummer: ›Dann muß sein Ende wohl nahe sein, wenn sein Sinn sich plötzlich so gewandelt hat.‹ Aber es war ihm nicht beschieden, die Kirche oft genug zu besuchen, er wurde bettlägrig, so daß er nur noch zu Hause beichten und die Sakramente empfangen konnte. Es kamen lichte, klare Tage voller Wohlgerüche – es war ein spätes Ostern. Die ganze Nacht hindurch, ich weiß es noch, hustete er und fand keinen Schlaf, aber wenn der Morgen anbrach, kleidete er sich jedesmal an und ließ sich in einem weichen Lehnstuhl nieder. Und so sehe ich ihn vor mir: Er sitzt still da, lächelt sanft, leidet, aber sein Antlitz ist heiter und voll Freude. Seine Seele war ganz und gar verwandelt – und wundersam war die plötzlich eingetretene Verwandlung! Da kommt die alte Amme zu ihm ins Zimmer: »Erlaube, mein Lieber, daß ich auch bei dir das Ewige Licht vor der Ikone anzünde.« Früher hatte er das nämlich nicht geduldet und das Ewige Licht sogar ausgeblasen. »Zünde es nur an, meine Gute, zünde es an. Ich war ein Ungeheuer, daß ich es euch früher verboten habe. Du betest zu Gott, indem du es anzündest, und ich bete, indem ich mich über dich freue. Also beten wir zu dem Einen Gott.« Sonderbar kamen uns solche Reden vor, die Mutter aber zog sich zurück und weinte unaufhörlich, und nur, wenn sie bei ihm eintrat, trocknete sie ihre Tränen und setzte eine heitere Miene auf. »Mutter, weine nicht, du meine Liebe«, pflegte er zu sagen, »noch lange habe ich zu leben, noch lange werde ich mich mit euch freuen, und das Leben, das Leben ist Freude, das Leben ist Glück!« – »Ach, mein Lieber, was ist das schon für eine Freude, wenn du Nacht für Nacht vor Fieber glühst und hustest, daß man glaubt, deine Brust muß zerspringen.« – »Mama«, antwortete er, »weine nicht. Das Leben ist ein Paradies, und wir alle sind im Paradies, aber wir wollen es nicht wahrhaben, wenn wir es aber wahrhaben wollten, dann wäre schon morgen die ganze Welt ein Paradies.« Und alle staunten über seine Reden, weil er so eigenartig und so entschieden sprach; wir waren inniglich bewegt und weinten. Bekannte besuchten uns: »Meine Lieben«, sagte er, »meine Teuren, hab ich's denn verdient, daß ihr mich liebt? Wofür liebt ihr jemanden wie mich? Und warum habe ich das früher nicht gewußt und nicht geschätzt?« Wenn Dienstboten in sein Zimmer traten, sagte er sogleich: »Meine Lieben, meine Teuren, warum dient ihr mir? Bin ich's denn wert, daß man mir dient? Wenn es Gott gefiele und Er mich leben ließe, würde ich auch euch dienen, denn alle sollen einander dienen.« Unsere Mutter schüttelte bei diesen Worten den Kopf: »Mein liebes Kind, es ist die Krankheit, die dich so reden läßt.« – »Mama, meine Teure«, sagte er, »es wäre nicht recht, wenn es nicht Herren und Diener gäbe, aber ich muß auch Diener meiner Diener sein, gerade so, wie sie es mir sind. Und noch eines möchte ich dir, liebe Mutter, sagen: Ein jeder von uns ist vor allen an allem schuldig, und ich bin es am meisten.« Unsere Mutter mußte darüber sogar lächeln, sie weinte und lächelte: »Woran bist du denn«, sagte sie, »vor allen am meisten schuldig? Da gibt es doch Mörder, Räuber, hast du denn Zeit gehabt, dich so zu versündigen, daß du dir selbst die meiste Schuld gibst?« – »Mein Mütterchen, mein allertrautestes«, sagte er (damals fielen ihm solche liebkosenden Worte ein, solche unerwarteten), »du meine Trauteste, du meine Liebe, Freudige, wisse, daß jeder wahrhaftig vor allen für alle und an allem schuldig ist. Ich weiß nicht, wie ich es dir erklären soll, aber ich fühle, daß es so ist, fast bis zur Pein. Wie haben wir nur bis jetzt gelebt, haben einander gezürnt und nichts geahnt?« So erhob er sich des Morgens, mit jedem Tag inniger und freudiger und vor Liebe bebend. Besuchte ihn der Arzt – ein alter Deutscher namens Eisenschmidt, unser Hausarzt –, so scherzte er mit ihm immer wieder: »Wie steht's, Doktor, habe ich noch einen Tag auf Erden?« – »Nicht nur einen Tag, viele Tage haben Sie noch zu leben«, pflegte der Doktor zu erwidern, »Sie haben noch Monate und Jahre vor sich.« – »Was bedeuten mir Jahre, was bedeuten mir Monate!« rief er dann aus. »Wozu die Tage zählen, wenn ein einziger Tag dem Menschen genügt, um alles Glück der Welt zu erfahren? Meine lieben Freunde, warum streiten wir uns? Warum prahlen wir voreinander? Warum sind wir nachtragend? Wir wollen lieber in den Garten gehen, wir wollen dort wandeln und fröhlich sein, einander lieben und preisen und küssen und unser Leben segnen.« – »Ihr Sohn ist nicht mehr lange Gast auf dieser Erde«, sagte der Arzt zu unserer Mutter, als sie ihn bis vor die Haustür geleitete, »die Krankheit verwirrt seinen Geist.« Die Fenster seines Zimmers gingen auf den Garten hinaus, und unser Garten war schattig, mit alten Bäumen, die Bäume waren voller Frühlingsknospen, die ersten Zugvögel waren zurückgekommen, sie zwitscherten und sangen zu den Fenstern herein. Und plötzlich begann er, voll Freude über ihren Anblick auch sie um Vergebung zu bitten: »Ihr Vöglein Gottes, ihr Vöglein der Freude, vergebt auch ihr mir, weil ich auch vor euch gesündigt habe.« Das konnte bei uns nun wirklich niemand begreifen, er aber weinte vor Freude. »Doch«, sagte er, »es war die ganze Herrlichkeit Gottes um mich herum: Vögel, Bäume, Wiesen, Himmel. Ich allein habe alles veruntreut, ich allein war der Schändliche und habe die Schönheit nicht gesehen und nicht gerühmt.« – »Viel zu viele Sünden lädst du auf dich«, weinte oft unsere Mutter. »Mütterchen, du meine Freude, ich weine doch vor Freude und nicht vor Kummer; mich verlangt es doch danach, vor ihnen schuldig zu sein, ich kann es dir nur nicht erklären, weil ich nicht weiß, wie ich sie genug lieben soll. Mag ich mich an allen versündigt haben, dafür wird mir auch von allen vergeben, und das ist das Paradies. Bin ich jetzt nicht im Paradies?«

Und es gab noch so manches, woran man sich erinnert und was man nicht niederschreiben kann. Ich weiß noch, wie ich einmal allein bei ihm eintrat, als niemand sonst bei ihm war. Es war gegen Abend eines klaren Tages, die Sonne ging gerade unter und erfüllte das ganze Zimmer mit einem schrägen Strahl. Er winkte mich heran, als er mich sah, ich trat zu ihm, er legte beide Hände auf meine Schultern, schaute mich innig und liebevoll an; er sagt kein Wort, schaut so eine gute Minute lang: »Nun«, sagt er, »geh jetzt spielen, lebe an meiner Statt.« Ich verließ das Zimmer und ging spielen. Im Laufe meines Lebens erinnerte ich mich oft und jedesmal unter Tränen daran, wie er mich geheißen hatte, an seiner Statt zu leben. Noch viele ähnlich wunderbare und erstaunliche, uns damals unverständliche Worte hat er damals an uns gerichtet. Er starb in der dritten Woche nach Ostern, bei vollem Bewußtsein, wenn auch schon ohne zu sprechen, aber unverändert bis zum letzten Atemzug: mit freudiger Miene und heiterem Blick, mit den Augen uns suchend, lächelnd und uns rufend. Von seinem Sterben wurde sogar in der Stadt viel gesprochen. Mich hat das alles damals erschüttert, wenn auch nicht allzusehr, wiewohl ich bei der Beerdigung bitterlich geweint habe. Jung war ich, ein Kind noch, aber in meinem Herzen blieb alles unauslöschlich, ein tief verborgenes, heimliches Gefühl. Zu seiner Zeit sollte alles erwachen und seine Stimme erheben. Und so geschah es auch.

CHRISTIAN MORGENSTERN

Ostermärchen

Es war einmal ein kleiner Junge, dem träumte in der Nacht vom Ostersamstag zum Ostersonntag, er läge nicht in seinem Bettchen in der warmen Stube, sondern draußen auf der Wiese unter dem blassen Vollmond und den silbernen Sternen. Dort läge und schliefe er, warm eingehüllt, damit ihm der Nachtwind nicht schade, der die Blütenzweige über ihm leise bewegte. Und ihm zu Häupten – so träumte ihm – stände ein mit Blättern ausgelegtes Körbchen auf dem Rasen, und drei Osterhäslein wären damit beschäftigt, die schönen Eier, die in dem Körbchen lagen, zu ihm hinzutragen, sie ihm sacht unter die Hand zu schieben und auf den Arm zu legen; und wenn er dann erwachte, dann würde er all die schönen Eier finden und mit ihnen zu Vater und Mutter springen dürfen.

So träumte unser kleiner Junge in der Nacht zum Ostersonntag.

Als es aber zwischen fünf und sechs Uhr morgens war – oder war es noch nicht einmal so spät –, da erwachte Fritz, denn so hieß der kleine Knabe, und sprang aus dem Bette. Nun, Eier lagen freilich keine auf seinem Arm oder in seiner Hand – das mußte ihm also wohl bloß so geträumt haben. Aber Ostermorgen war es wirklich. Da sollte man doch wenigstens in den Garten hinunterschauen, denn wer weiß, wer weiß …? Und Fritzchen stieß rasch die Fensterläden auf – da stand aber sein Mäulchen auch gleich offen, ganz ebenso offen wie die Fensterläden. Nein, seht doch, seht doch nur! Was war das aber auch für eine Ostermorgenpracht! Der Himmel war von der ersten Morgenröte so zart und rosig gefärbt, wie das eben nur an einem Ostermorgen sein konnte, wo auf allen Beeten Ostereier lagen, kreuz und quer, große und kleine in allen Farben, so daß der Himmel durchaus nicht zurückbleiben durfte, sondern zeigen mußte, daß auch er in gar köstlichen Farben prahlen und strahlen könne, er, der junge leuchtende Ostersonntagsmorgenhimmel, über dem noch die letzten blassen Sterne der Nacht funkelten, wie als ob auch sie noch ein klein wenig von all der Osterherrlichkeit erhaschen wollten.

Draußen im Garten aber begann jetzt ein reges Leben. Hin und her sprangen die munteren Osterhäschen, legten noch hierhin und dorthin ein schönes buntes Ei, das eine nach dem einen Ende des Gartens, das andere nach dem andern. Und welche wieder saßen mit gespitzten Ohren – oder vielmehr Löffeln (denn so nennt man ja die Ohren des Hasen) – um einen Eierkorb und bewachten ihn, bis dann später die Kinder kämen. Inzwischen ging die Sonne schon halb auf, und der Mond, der alte Nachtwächter, wurde immer schläfriger und schläfriger und dachte: Jetzt werde ich wohl auch bald nach Hause gehen können.

Ja, das war eine drollige Geschichte! Saß da auch so einer von unseren fleißigen Osterhäschen unter den lieblichsten Blütenzweigen, die man sich denken kann, und legte eben ein wunderschönes Osterei nach dem anderen – als vier Schmetterlinge angeflogen kommen und ihn ganz ohne Scheu umflattern. Ja, der eine hält gar seinen weichen, braunen Rücken für ein höchst behagliches Ruhekissen, auf dem man sich – warum auch nicht? – wohl auf eine Weile niederlassen und ausrasten könnte. Unser kleiner Hasen-freund hat zwar gegen diese lichtfarbigen Sommerkinder sonst nicht viel einzuwenden – aber sollte das nicht schließ-lich doch über den Spaß gehen? Man ist doch ein großer, ausgewachsener Hase und darf also wohl einen gewissen Respekt fordern! Wo käme die Welt denn hin, wenn solch ein kleiner kecker Geselle sich einem einfach auf den Rü-cken setzen dürfte, als wäre man nur eben ein Sofa für ihn – und das noch dazu während eines so wichtigen Geschäftes! Nein, nein, man darf unserem Freund sein sehr erstauntes Gesicht wahrlich nicht übelnehmen, auf dem unverkennbar geschrieben steht: Ich finde das sehr, sehr merkwürdig!

Es mochte acht oder neun Uhr sein, da gingen die Eltern mit den Kindern durch den Garten. »Nun wollen wir doch einmal sehen«, sagten sie, »ob euch die Osterhasen auch schöne Eier versteckt haben!« Voraus aber ging Nesthäk-chen, das Kleinste, und richtig! Da hatte es auch schon drei Eier gefunden, die auf einem Häuflein zusammenlagen: ein rotes, ein blaues und ein gelbes Ei. Der Vater aber streckte die Hände aus und rief: »So, nun gib sie mir, mein Liebling! Und ich gebe sie dann der Mutter in ihr Körbchen, nicht wahr?« Die Mutter aber sah gerade zu dem Blütenstrauch hin, unter dem Fritz eine Menge Ostereier entdeckt hatte – was ja freilich auch nicht gar so schwer war. Fritz aber war gleichwohl ganz stolz darauf, als wäre er wunder wie schlau gewesen.

»Was meinst du«, sagte der eine Hase draußen auf dem

Wiesenhügel zum anderen, »sollten wir nicht durch dieses offene Fenster hier in die Wohnstube hineinhoppeln?« »Ja, ja, das tun wir«, meinte der andere. »Denn hier draußen, da haben wir ja den Leuten vom Hause schon eine ganze Osterbescherung aufgebaut – also werden sie wohl nichts dagegen haben, wenn wir unsere Ostereier auch noch drinnen verstecken.« »Gewiß nicht«, sagte der andere.

»Und dann, weißt du, gibt es nichts Lustigeres, als solch ein Wohnzimmer heimlich mit Ostereiern auszulegen. Da macht man zuerst die schönsten Figuren auf dem sauberen weißen Tischtuch, und dann kommt die Kommode an die Reihe und dann der Lehnstuhl und dann das Sofa.«

»Also dann los! Hopp du nur voran, ich komme schon mit.«

Als die Osterhasen nun mit allem fertig sind und richtig in der Stube drin sitzen und mit ihnen noch drei kleine Hasenkinder, die so lange gebettelt hatten, bis sie ihnen erlaubten, mitzukommen – da läuft plötzlich Nesthäkchen herein, das jüngste Töchterchen, das ein paar Stunden früher ein rotes, ein blaues und ein gelbes Ei gefunden hatte. Das sieht nun die Hasen und Hasenkinder ganz einfach auf dem Tisch und dem Sofa und den Stühlen sitzen, so als wäre das ganz selbstverständlich. Und nun gucken sie sich ganz erstaunt an, Nesthäkchen und das eine Hasenkind, das eine Hasenkind und Nesthäkchen. Aber fürchten tun sie sich nicht im mindesten voreinander, das kleine Menschenkind und das kleine Hasenkind – und das ist recht so, und das ist gerade das Schöne dabei. Nur der eine alte Hase, der macht einen gewaltigen Satz vom Tische weg. Da sind die Hasenkinder doch viel vernünftiger.

Bim Bam Baum Bom – Bim Bam Baum Bom – das läutet und läutet vom Turm, und die Schneeglöckchen und Märzbecher und die anderen kleinen Blumenglocken läuten auch noch dazu, nur sehr viel leiser und ferner: Bim Bam Baum Bom ...

Ach, dieses viele Herumlaufen und Eiersuchen! Soll man da nicht ein ganz, ganz klein wenig müde werden dürfen? Bim Bam Baum Bom – so wohl und so fein läutet es dich in Schlaf und Traum. Was läutet er wohl, der Glockenturm mit den vielen schönen Glocken? Ei, das will ich dir wohl sagen: er läutet Ostern ein!

»Ostern?« sagst du, »nun ja – Ostern!«

Weißt du denn auch so recht von Herzen, was Ostern ist? Ostern oder Auferstehungszeit? Ja, du liebes Kind, fühlst du denn auch so recht, was das für ein Fest ist, das diese Glocken dort vom Turm so freudig einläuten mit ihrem hellen, klingenden Bim Bam Baum Bom, daß die Lerchen, die droben im blauen Himmel jubilieren, kaum wissen, wie sie mit ihren kleinwinzigen Kehlen da noch mitkommen sollen? Heute, in dieser heiligen Osternacht, da waren der Winter in seinem großen weißen Schafspelz und der Frühling in seinem leichten blau und weiß gestreiften Anzug zum letztenmal zusammen. Denn da hat der alte Winter seinem Sohne auf die Schulter geklopft und hat ihm seinen Königsring gegeben, seinen Königsring aus purem Golde und einem purpurnen Edelstein inmitten, und hat zu ihm gesagt: »So, jetzt sei du König. Ich bin alt und will in meine Höhle hinten im Walde gehen, da, wo der Dachs wohnt, unter den vom Wind gestürzten Tannen, und der Uhu, der nachts umherfliegt und seinen Ruf ruft und mit seinen glühenden Augen durch die finsteren Zweige äugt. Da, ja, da gehöre ich nun hin – und in diese Welt hier« – dazu machte der Winter eine große, alles umfassende Handbewegung über die junge Wiese hin, auf der sie standen und aus deren schwachem Gras schon die Märzveilchen lugten, und über die jungen Wälder, in denen die weißen, zarten Birken zu knospen anfingen und die Kätzchen schon munter sprossen, und über den jungen Himmel hin, an dem eine ganze große Herde grauweißer Lämmerwölkchen dahinzog und wartete, bis Mond und Sterne untergegangen wären und sie die liebe rote Sonne auf ihren Pelz kriegen würden –, über all das machte der Winter solch eine mächtige, weit ausladende Handbewegung hin und sagte: »In diese Welt gehörst jetzt du. Jetzt blase du dein süßes, gewaltiges Hirten- und Auferweckungslied, daß die Erde zu blühen anfängt wie ein einziger wunderseliger Garten und morgen früh alle Menschen, groß und klein, alt und jung, wissen und sehen und schmecken und fühlen, daß du gekommen bist, du, der Frühling, mein lieber Sohn! Den Tag aber, wo sie das zum erstenmal so ganz überwältigend sehen und schmecken und fühlen (also den morgenden Tag, wenn du nur recht dein Werk tust), diesen Tag, den nennen die Menschenkinder Ostern nach deiner lieben Mutter, meiner königlichen Gemahlin Ostara, von der du all deine Schönheit und deinen Frohsinn geerbt hast, du wilder Zauberer und Götterliebling!«

Und wie er das so sagte, der alte weißbärtige Winter, und dabei sich auf die flachsblonden Goldlocken seines Sohnes niederbeugte, um ihn zu segnen, da wurde ihm ganz weich ums Herz, so daß ihm ein riesiger Eiszapfen auf der linken

Wange schmolz und auf den Frühling in seinem leichten Anzug herniedertropfte. Da lachte der sein hellstes Lachen und rief, indem er die Arme schnell noch einmal um den Vater schlang, ihn mitten auf den Mund küßte und dann nach dem Wander- und Hirtenstab sprang, der unweit über dem munteren Wiesenbach quer drüber gleich wie ein Brücklein lag: »Aber Herr Vater! Wir sehen uns doch wieder im Oktober oder im November oder spätestens zu Weihnachten – oder glaubt der Herr Vater, ich würde dies Jahr nicht wiederkommen mit meinem Korb voll pausbäckiger Äpfel und ...«

»... und daß du mir ja guten Wein mit heimbringst«, lachte der Alte nun auf und wischte sich mit dem Schafspelzärmel den Rest des Eiszapfens vom zwinkernden Auge. »Soll geschehen! Soll geschehen!« hallte es nun schon von jenseits des Baches wider; denn der Frühling begann jetzt auszuschreiten, um sein großes Auferweckungswerk zu vollbringen.

»Vergiß mir auch die Kinder nicht, und daß die Osterhasen auch ihre Pflicht tun!« war das letzte, was er von dem Alten noch hörte.

Dann zogen sie ein jeder seines Weges, der Winter in seinen Wald und der Frühling hinaus über die weite Erde.

Seht ihr, das hat nun alles der kleine Junge hier auf der Wiese geträumt, und ganz gewiß waren es die Blumenglöckchen, die ihm diesen Traum vom alten Winter und vom jungen Frühling zugeläutet haben.

Denn, Kindlein, alles, was Glocken heißt, das hat ja der Frühling besonders lieb. Das muß ihm wecken helfen. Die Augen, die weckt er mit all den köstlichen bunten Farben, mit dem Blau des Himmels, dem Gelb der Schmetterlinge, mit dem Grün der Wiesen und dem Rot der Blumen. Und damit auch, wie solch ein Pflänzlein geformt und gebildet ist: bald als Stern, bald als herzförmiges Blatt, bald als ein Becherchen, aus dem die Bienen trinken werden, bald als ein Glöcklein und bald als ein Röcklein. Die Nasen aber weckt er mit all dem süßen Duft, der aus hundert und aberhundert Blütenkelchen steigt, und die Ohren, die weckt er auf mit dem Gesang der Vögel und dem Jubel der Kinder und dem Summen der Bienen. Doch das genügt ihm immer noch nicht: und da ist er denn über die Maßen froh, daß die Menschen Türme gebaut haben mit Glocken darin, ganz eigens dafür bestimmt, ihm wecken zu helfen. Aber selbst das wäre ihm noch nicht genug. Denn wenn nun doch ein Kind trotz all der lauten Turmglocken mitten auf der Wiese mitten in der Morgensonne und noch dazu neben einem Korb, gefüllt mit großen bunten Ostereiern, eingeschlafen ist wie unser kleiner Fritz? Ja, was dann? Dann braucht er eben noch andere Glocken; solche, die noch ganz anders läuten als die großen, plumpen Glocken aus Kupfer und Eisen; solche, die man nur hören kann, wenn es so still in einem ist, daß man sonst gar nichts hört von der ganzen Welt um einen herum; die einen ganz drinnen, ganz tief drinnen aufwecken, daß auch die kleinsten, verborgensten Herzlein des Frühlings voll werden, daß alles Gute und Liebe in ihnen die Augen aufschlägt. Dann sagen solche Herzlein wohl ganz leise im Traum: »Oh, wie gut ist doch das alles! Wie gut sind Vater und Mutter, wie sorgen sie für mich, wie beschenken, wie erfreuen sie mich. Und auch die lieben Osterhasen, daß auch sie an mich gedacht haben!

Und all die Blümchen und Vöglein und Schmetterlinge, wie gut sind sie alle! Ich will auch gut sein, ich auch, ich kleiner Mensch, ich will auch so lieb und gut sein wie sie alle, mein ganzes Leben lang.«

Ihr Kinder, liebt mir die kleinen Glockenblumen und tut ihnen, ihnen ganz besonders, nie etwas zu Leide. Dafür, müßt ihr wissen, begleiten sie euch auch überallhin, wohin ihr nur kommt: ihr findet sie im Tale wieder und auf den hohen Bergen und am Meeresstrande – und immer werden sie euch etwas Liebes zu sagen haben, wenn ihr müde geworden seid und die großen ehernen Glocken der Welt nicht mehr hört und auf der Wiese eingenickt seid wie hier unser kleiner guter Fritz.

Als der Abend dieses schönen Ostertages gekommen ist und die Kinder in ihren Bettchen liegen, da setzt sich die Mutter noch ein Weilchen zu ihnen und erzählt ein wenig von der weiten Reise der Sonne, vom Ostermond und von den Sternen. Dann singt sie ihnen ein Schlummerliedchen, und das wollen wir nun alle ganz leise mitsingen:

> Träum, Kindlein, träum!
> Im Garten stehn zwei Bäum.
>
> Der eine, der trägt Sternlein,
> der andre Mondenhörnlein.

Ostersonntag

ANTON ČECHOV

In der Osternacht

Ich stand am Ufer der Goltva und wartete auf die Fähre vom anderen Ufer. Zu gewöhnlichen Zeiten ist die Goltva ein mittleres Flüsschen, schweigsam und nachdenklich, sanft blitzend hinter dichtem Schilf, heute jedoch erstreckte sich vor mir ein ganzer See. Die angeschwollenen Frühlingsfluten waren über beide Ufer getreten und hatten weite Teile der Flussniederungen überschwemmt, eingeschlossen Gemüsegärten, Heuwiesen und Sümpfe, so dass man auf der Wasseroberfläche nicht selten einsam ragenden Pappeln und Sträuchern begegnete, die im Dunkel an schroffe Felsklippen erinnerten.

Das Wetter schien mir wunderbar. Es war dunkel, dennoch sah ich die Bäume, das Wasser, die Menschen ... Die Welt wurde erleuchtet von Sternen, mit denen dicht gedrängt der ganze Himmel übersät war. Ich erinnere mich nicht, wann ich je so viele Sterne gesehen hätte. Es war buchstäblich kein Platz, wo man einen Finger hätte dazwischenstecken können. Da waren Sterne groß wie Gänseeier und klein wie Hanfkörner ... Ob groß, ob klein, der Feiertagsparade zu Ehren waren alle bis auf den letzten am Himmel angetreten, frisch gewaschen, erneuert, freudig, und alle bis auf den letzten bewegten sich sacht mit ihren Strahlen. Der Himmel spiegelte sich im Wasser; die Sterne badeten in der dunklen Tiefe und bebten mit dem leichten Wellengekräusel. Die Luft war warm und still … Fern, am andern Ufer, in der undurchdringlichen Finsternis, brannten verstreut einige grellrote Lichter …

Zwei Schritte von mir entfernt dunkelte die Silhouette eines Bauern in hohem Hut und mit einem dicken Knotenstock.

– Wo die Fähre nur bleibt! – sagte ich.

– Die muss bald kommen – antwortete mir die Silhouette.

– Wartest du auch auf die Fähre?

– Nein, ich stehe nur hier … – gähnte der Bauer, – und warte auf die Limunation. Ich würd ja fahren, aber ehrlich, ich hab den Fünfer für die Fähre nicht.

– Ich gebe dir den Fünfer.

– Nein, wir danken ergebenst … Stell mir für den Fünfer lieber eine Kerze auf im Kloster … Das ist für mich antiressanter, und ich bleib hier stehn. Nun sag mir einer, und immer noch keine Fähre! Als wär sie im Wasser versunken!

Der Bauer trat nah ans Wasser, ergriff das Fährseil und rief:

– Ieronim! Ieroni-im!

Wie als Antwort auf seinen Ruf ertönte vom anderen Ufer der langgedehnte Klang einer großen Glocke. Der Klang war schwer, tief, wie von der dicksten Saite eines Kontrabasses: es schien, als schweige selbst das Dunkel mit. Gleich danach war ein Kanonenschuss zu hören. Er rollte durch die Dunkelheit und erstarb irgendwo weit hinter meinem Rücken. Der Bauer zog den Hut und bekreuzigte sich.

– Christ ist erstanden! – sagte er.

Noch waren die Wellen des ersten Glockenschlages in der Luft nicht erstarrt, als ein zweiter ertönte, gleich danach ein dritter, und das Dunkel füllte sich mit einem unablässigen bebenden Dröhnen. Neben den roten Lichtern begannen neue Lichter zu brennen, und alle gemeinsam bewegten sich, unruhig blinkend.

– Ieroni-im! – hörte man einen dumpfen, langgedehnten Ruf.

– Der ist vom andern Ufer – sagte der Bauer. – Also ist die Fähre auch nicht dort. Unser Ieronim ist eingeschlafen.

Die Lichter und der samtweiche Glockenklang lockten hinüber … Ich begann schon die Geduld zu verlieren und mich aufzuregen, doch da sah ich, in die dunkle Ferne starrend, die Silhouette von etwas, das einem Galgen sehr ähnlich sah. Es war die lang erwartete Fähre. Sie bewegte sich mit solcher Langsamkeit, dass man, hätten ihre Umrisse nicht stetig an Kontur gewonnen, hätte meinen können, sie stünde auf der Stelle oder entferne sich zum anderen Ufer.

– Schneller, Ieronim! – rief mein Bauer. – Ein Barin wartet!

Die Fähre glitt ans Ufer, begann leicht zu schaukeln und blieb mit einem Quietschen liegen. Auf ihr stand, sich am Fährseil festhaltend, ein hoch aufgeschossener Mann in Mönchskutte, mit einem kegelförmigen Mützchen auf dem Kopf.

– Wo bleiben Sie so lange? – fragte ich, auf die Fähre springend.

– Vergeben Sie um Christi willen – antwortete Ieronim mit leiser Stimme. – Sonst niemand?

– Niemand …

Ieronim ergriff mit beiden Händen das Seil, krümmte sich zu einem Fragezeichen und krächzte. Die Fähre quietschte und begann zu schaukeln. Die Silhouette des Bauern im hohen Hut begann sich langsam von mir zu entfernen – die Fähre hatte also abgelegt. Bald richtete Ieronim sich auf und fing an, mit einer Hand zu arbeiten. Wir schwiegen und blickten zum Ufer, auf das wir zuschwammen. Dort hatte die »Limunation« schon begonnen, auf die der Bauer gewartet hatte. Unmittelbar am Wasser loderten, wie riesige Scheiterhaufen, Teerfässer. Ihre Spiegelungen, purpurn wie der aufgehende Mond, glitten uns in langen breiten Bändern entgegen. Die brennenden Fässer erleuchteten ihren eigenen Rauch wie auch die langen menschlichen Schatten, die an den Feuern vorüberblinkten; weiter zur Seite und dahinter, von wo das samtweiche Läuten ertönte, lag alles in undurchdringlich schwarzem Dunst. Plötzlich wand sich, das Dunkel zerteilend, als goldenes Band eine Rakete in den Himmel; sie beschrieb einen Bogen und barst mit einem Knall, als sei sie am Himmel zerschellt, zu einem Funkenregen. Vom Ufer hörte man Stimmengedröhn, ähnlich einem entfernten Hurra.

– Wie schön! – sagte ich.

– Man kann gar nicht sagen, wie schön! – seufzte Ieronim. – Das ist eine besondere Nacht, Herr! In andern Nächten würde man die Rakete gar nicht beachten, aber heute freut man sich über jede Eitelkeit. Von wo kommen Sie?

Ich sagte ihm, woher ich kam.

– Tja … heute ist der Freudentag … – fuhr Ieronim mit

dem schwachen Tenorstimmchen fort, mit dem genesende Kranke sprechen. – Es freut sich der Himmel, die Erde und sogar die Unterwelt. Es feiert jegliches Geschöpf. Nur sagen Sie mir, guter Herr, warum kann der Mensch selbst in der größten Freude seinen Kummer nicht vergessen?

Mir schien, als wollte er mich mit dieser unverhofften Frage zu einem jener »langausholenden« Seelenrettungsgespräche auffordern, wie sie müßige und sich langweilende Mönche so lieben. Ich war nicht zu großen Reden aufgelegt und fragte deshalb nur:

– Und was für Kummer haben Sie, Vater?

– Ganz gewöhnlichen, wie alle Menschen, Euer Wohlgeboren, guter Herr, aber am heutigen Tag hat es im Kloster einen besonderen Kummer gegeben: Mitten in der Messe, während der Parömien, ist Hierodiakon Nikolaj gestorben …

– Nun, das war Gottes Wille! – sagte ich, dem Ton des Mönchs angeglichen. – Alle müssen einmal sterben. Meiner Meinung nach sollten Sie sich sogar freuen. Man sagt, wer vor Ostern oder an Ostern stirbt, der kommt bestimmt ins Himmelreich.

– Das stimmt.

Wir schwiegen. Die Silhouette des Bauern im hohen Hut verfloss mit den Umrissen des Ufers. Die Teerfässer brannten immer höher und höher.

– Die Schrift weist klar und deutlich auf die Eitelkeit des Kummers hin, und auch das Denken sagt es einem, – brach Ieronim das Schweigen, – aber weshalb ist meine Seele dennoch bekümmert und will auf den Verstand nicht hören? Warum will ich bitter weinen?

Ieronim zuckte die Achseln, wandte sich mir zu und begann schnell zu sprechen:

– Wäre ich oder irgendein andrer gestorben, wärs vielleicht unbemerkt geblieben, aber gestorben ist doch Nikolaj! Kein anderer als Nikolaj! Kaum zu glauben, dass er nicht mehr auf der Welt ist! Ich steh hier auf der Fähre, und ständig ist mir, als müsste ich vom Ufer seine Stimme hören. Damit ich auf der Fähre keine Angst habe, kam er immer ans Ufer und rief nach mir. Extra dafür stand er nachts immer aus dem Bett auf! Eine gute Seele! Gott, was für eine gute und barmherzige! Manch einer hatte keine solche Mutter, was dieser Nikolaj für mich war! Herrgott, errette seine Seele!

Ieronim griff in das Seil, wandte sich aber sofort wieder zu mir um.

– Euer Wohlgeboren, und was für ein klarer Verstand! – sagte er mit singender Stimme. – Was für eine wohlklingende und süße Sprache! So, wie sie gleich in der Frühmesse singen werden: »O Herzlieber du! O deine allersüßeste Stimme!« Und außer allen übrigen menschlichen Eigenschaften hatte er auch noch eine ungewöhnliche Gabe!

– Welche denn? – fragte ich.

Der Mönch maß mich mit einem Blick und, gleichsam überzeugt, dass man mir ein Geheimnis anvertrauen könne, lachte fröhlich auf.

– Er hatte die Gabe, den Akathist zu schreiben ... – sagte er. – Ein Wunder, Herr, sonst nichts! Sie werden staunen, wenn ich es Ihnen erklär! Unser Vater Archimandrit kommt aus Moskau, der Vater Vikar hat an der Akademie von Kazan studiert, wir haben kluge Mönchspriester, kluge Älteste, aber sag mir doch einer – keinen einzigen, der schreiben kann, aber Nikolaj, ein einfacher Mönch, ein Hierodiakon, der nie studiert hat und nicht mal besonders aussah – der konnte schreiben! Ein Wunder! Ein wahres Wunder! – Ieronim schlug die Hände ineinander, vergaß darüber das Fährseil und fuhr hingerissen fort – Der Vater Vikar hat Schwierigkeiten, die Predigt aufzusetzen; als er die Klostergeschichte schrieb, hat er die ganze Bruderschaft herumgescheucht und ist selber zehnmal in die Stadt gefahren, aber Nikolaj – der schrieb Akathiste! Akathiste! Das ist was andres als Predigt oder Geschichte!

– Sind Akathiste denn so schwer zu schreiben? – fragte ich.

– Sehr, sehr schwer … – schüttelte Ieronim langsam den Kopf. – Frömmigkeit und Weisheit richten da nichts aus, wenn Gott dir die Gabe nicht geschenkt hat. Mönche, die keine Ahnung haben, glauben, es reicht, wenn man die Vita des Heiligen kennt, an den man seinen Akathist richtet, und sich auch sonst im Akathistos auskennt. Natürlich muss man die Vita sehr genau kennen, bis in den allerkleinsten Winkel. Und muss auch alle andern Akathiste kennen, muss wissen, wo man anfängt und worüber man schreibt. Nur ein Beispiel, der erste Hymnus beginnt überall mit »O Erwählter« oder »Auserwählter« … Der erste Ikos immer mit dem Engel. Im Akathist auf den Allersüßesten Jesus, wenn es Sie interessiert, beginnt er so: »Der Engel Schöpfer, Herr der Mächte«, im Akathist auf die Muttergottes: »Der Engel der Verkündigung, vom Himmel ausgesandt«, auf Nikolaj den Wundertäter: »Engels Gestalt, als die eines irdischen Wesens« und so weiter. Überall beginnt er mit dem

Engel. Natürlich muss man sich genau auskennen, aber die Hauptsache ist trotzdem nicht die Heiligenvita, nicht die Übereinstimmung mit allen Übrigen, sondern die Schönheit und Süße. Alles muss harmonisch, kurz und genau sein. Jede Zeile muss Weichheit, Lieblichkeit und Zärtlichkeit haben, kein einziges Wort darf grob, schroff oder unpassend sein. Schreiben muss man so, dass der Betende sich von Herzen freut und weint, dass der Verstand erschüttert wird und anfängt zu beben. Im Akathist auf die Muttergottes heißt es: »Freue dich, Höhe, die keines Menschen Gedanke erreicht; freue dich, Tiefe, die selbst des Engels Auge nicht schaut!« An einer anderen Stelle im selben Akathist wird gesagt: »Freue dich, Baum, der helle Früchte du trägst, von denen die Gläubigen essen; freue dich, Baum, der du Laubschatten spendest, der vielen ein Heim ist!« – Wie über etwas erschrocken oder beschämt, bedeckte Ieronim das Gesicht mit den Händen und schüttelte den Kopf. – Baum, der helle Früchte du trägst ... Baum, der du Laubschatten spendest ... – murmelte er. – Solche Wörter findet er! Das kann nur Gott ihm eingegeben haben! Um der Kürze willen bringt er so viele Wörter und Gedanken in einem einzigen Vers unter, und dabei wie flüssig und gründlich! »Lichtspender, gleich einem Leuchter ...«, heißt es im Akathist auf den Allersüßesten Jesus. Lichtspender! Dieses Wort gibt es nicht im Gespräch und nicht in Büchern, das hat er erfunden, in seinem Kopf erfunden! Außer Geschmeidigkeit und Beredsamkeit, gnädiger Herr, muss aber jeder Vers auch noch auf jegliche Weise ausgeschmückt sein mit Blumen und Blitzen, Wind und Sonne und allen Gegenständen der sichtbaren Welt. Und jede Anrufung muss so geschrieben sein, dass sie weich ist und den Ohren angenehm. »Freue dich, Lilie des paradiesischen Wachstums!«, heißt es im Akathist auf Nikolaj den Wundertäter. Nicht einfach »Lilie des Paradieses«, sondern »Lilie des paradiesischen Wachstums«! Das ist weicher, süßer fürs Ohr. So hat Nikolaj geschrieben. Punkt für Punkt genau so! Ich kann Ihnen gar nicht sagen, wie er geschrieben hat!

– Ja, wenn das so ist, tut es mir leid, dass er gestorben ist – sagte ich. – Aber lassen Sie uns weiterschwimmen, Vater, wir kommen sonst zu spät …

Ieronim besann sich und lief zum Seil. Am Ufer läuteten bereits sämtliche Glocken. Wahrscheinlich war um das Kloster schon die Kreuzesprozession im Gange, denn nun war der gesamte dunkle Raum hinter den Teerfässern übersät mit sich bewegenden Lichtern.

– Hat Nikolaj seine Akathiste drucken lassen? – fragte ich Ieronim.

– Woher denn drucken? – seufzte er. – Seltsamer Gedanke. Wozu? In unserm Kloster interessiert sich niemand dafür. Sie mögen es nicht. Sie wussten zwar, dass Nikolaj schrieb, aber sie schenkten dem keine Beachtung. Heutzutage, gnädiger Herr, weiß niemand neue Schriften zu schätzen.

– Hatte man gegen ihn ein Vorurteil?

– Genau. Wenn Nikolaj Ältester gewesen wäre, dann hätte sich die Bruderschaft schon dafür interessiert, aber er war ja keine vierzig Jahre alt. Manche haben sogar gelacht und sein Schreiben als Sünde angesehen.

– Warum hat er dann geschrieben?

– Nun, mehr zum eigenen Trost. Von der gesamten Bruderschaft habe ich als Einziger seine Akathiste gelesen. Ich gehe heimlich zu ihm, dass die andern es nicht sehen, und er freut sich, dass ich mich interessiere. Er umarmt mich, er streicht mir über den Kopf und sagt mir liebevolle Worte, wie zu einem kleinen Kind. Er schließt die Zelle ab, setzt sich neben mich, und dann wird gelesen …

Ieronim ließ das Seil los und trat auf mich zu.

– Wir waren so etwas wie Freunde – flüsterte er und sah mich mit blitzenden Augen an. – Wo er hinging, da ging auch ich hin. War ich nicht da, hatte er Sehnsucht. Und mich hatte er am meisten lieb, und alles nur, weil ich bei seinen Akathisten weinen konnte. Rührend, wenn ich nur daran denke! Jetzt bin ich dasselbe wie ein Waisenkind oder eine Witwe. Wissen Sie, wir haben im Kloster lauter gute, gutmütige und fromme Menschen, aber … keiner hat Weichheit, keiner hat Zartheit, wie alle Leute vom einfachen Stand. Alle sprechen laut, trapsen, wenn sie gehen, mit den Füßen, lärmen, husten – Nikolaj sprach immer leise, liebevoll, und wenn er bemerkte, dass jemand schlief oder betete, ging er vorbei wie eine kleine Fliege oder Mücke. Sein Gesicht war zärtlich, voller Mitleid …

Ieronim seufzte tief und griff in das Seil. Wir näherten uns bereits dem Ufer. Mitten aus der Finsternis und Stille des Flusses fuhren wir zu auf ein verzaubertes Reich, voll von stickigem Rauch, prasselndem Licht und Lärm. Um die Teerfässer bewegten sich, bereits deutlich sichtbar, Menschen. Manchmal sah man inmitten der Köpfe und Gesichter Pferdemäuler aufblinken, reglos, wie aus rotem Kupfer gegossen.

– Gleich werden sie den Osterkanon singen – sagte Ieronim, – und Nikolaj ist nicht mehr, niemand wird sich mehr in ihn versenken ... Für ihn war dieser Kanon sogar noch süßer als das Schreiben. Er versenkte sich in jedes Wort! Sie, Herr, werden ja dabei sein, wenn er gesungen wird: Es verschlägt dir den Atem!

– Werden Sie denn nicht in der Kirche sein?

– Ich kann nicht ... Jemand muss übersetzen ...

– Und niemand löst Sie ab?

– Ich weiß nicht ... Ich hätte schon in der neunten Stunde abgelöst werden sollen, aber Sie sehen ja, sie tun es nicht! ... Offen gesagt, ich ginge schon gern in die Kirche ...

– Sie sind Mönch?

– Ja ... das heißt, ich bin Laienbruder.

Die Fähre stieß ans Ufer und hielt. Ich drückte Ieronim den Fünfer für die Überfahrt in die Hand und sprang an Land. Sofort fuhr quietschend ein Fuhrwerk mit einem kleinen Jungen und einem schlafenden Weib auf die Fähre. Ieronim, schwach beleuchtet von den Lichtern, griff in das Seil, krümmte sich und legte mit der Fähre ab ...

Einige Schritte tat ich durch Morast, etwas weiter ging man über einen weichen, frisch gestampften Pfad. Dieser Pfad führte zu dem dunklen, höhlengleichen Tor des Klosters, durch Rauchwolken, durch eine ungeordnete Menge von Menschen, ausgeschirrten Pferden, Fuhrwerken, Bričken. All das quietschte, wieherte, lachte, und über allem blinkten purpurnes Licht und die welligen Schatten des Rauchs ... Das reine Chaos! Und inmitten dieses Gedränges fand man noch Platz, die kleine Kanone zu laden und Pfefferkuchen zu verkaufen!

Auf der anderen Seite der Mauer, innerhalb der Einfriedung, herrschte kein geringeres Gedränge, doch wurde hier mehr auf Anstand und Ordnung geachtet. Hier roch es nach Wacholder und Weihrauch. Gesprochen wurde laut, aber Gelächter und Wiehern war nicht mehr zu hören. Um die Grabsteine und Kreuze drängten sich Menschen mit Osterbroten und Bündeln. Offensichtlich kamen viele von weit her, um das Osterbrot weihen zu lassen, und waren jetzt erschöpft. Über die Gusseisenplatten, die als ein Streifen vom Tor bis an die Kirchentür lagen, liefen eilig, laut mit den Stiefeln trapsend, junge Laienbrüder. Auch um den Glockenturm wimmelten sie und riefen sich zu.

»Was für eine unruhige Nacht! – dachte ich. – Wie schön!«

Unruhe und Schlaflosigkeit meinte man der ganzen Natur anzusehen, angefangen bei der nächtlichen Finsternis bis hin zu den Grabplatten, Kreuzen und Bäumen, zwischen denen die Menschen hin und her eilten. Doch nirgends spürte man die Erregung und Unruhe so stark wie in der Kirche selbst. Am Eingang herrschte der ruhelose Kampf zwischen Ebbe und Flut. Die einen kamen herein, die anderen gingen hinaus und kehrten bald zurück, um eine Weile zu stehen und sich erneut in Bewegung zu setzen. Die Menschen schlendern dahin und dorthin, irren umher, als seien sie auf der Suche nach etwas. Die Welle geht von der Tür aus, schwappt durch die gesamte Kirche und erfasst sogar die ersten Reihen, wo die gewichtigen und schweren Leute stehen. Von konzentriertem Gebet kann keine Rede sein. Es gibt überhaupt keine Gebete, was es gibt, ist die reine, kindlich-instinktive Freude, die nur einen Vorwand sucht, nach außen auszubrechen und sich in irgendeine Bewegung zu ergießen, etwa in dieses Geschlender und Gedrängel, das kein Pardon kennt.

Die gleiche ungewöhnliche Bewegtheit fällt auch in der Osterliturgie selbst ins Auge. Die Türen zum Allerheiligsten stehen an allen Altären sperrangelweit offen, in der Luft, um die Kerzenständer, schwimmen dichte Wolken von Weihrauch; wohin man auch blickt, überall Lichter, Glanz, das Knistern der Kerzen ... Bibellesungen finden keine statt; der Gesang, eilig und fröhlich, verstummt bis zum Ende der Messe nicht; nach jedem Lied im Kanon wechselt die Geistlichkeit die Robe und tritt, Weihrauch schwenkend, hervor, was sich beinahe alle zehn Minuten wiederholt.

Noch hatte ich meinen Platz nicht eingenommen, als mich eine Welle von vorn erfasste und zurückwarf. An mir vorbei drängte ein großgewachsener stämmiger Diakon mit einer roten Kerze; ihm folgte, ein Weihrauchfass in Händen, ein grauer Archimandrit in goldener Mitra. Als sie dem Blick entschwunden waren, drückte mich die Menge an meinen vorherigen Platz zurück. Doch es vergingen keine zehn Minuten, bis sich eine neue Welle erhob und wieder der Diakon erschien. Dieses Mal folgte ihm der Vater Vikar, jener, der, Ieronims Worten zufolge, an der Geschichte des Klosters schrieb.

Verschmolzen mit der Menge und angesteckt von der allgemeinen freudigen Erregung, tat es mir auf einmal unerträglich leid um Ieronim. Wieso lösen sie ihn nicht ab? Warum geht nicht jemand auf die Fähre, der weniger gefühlvoll und empfänglich ist?

»Wende deine Augen, Zion, und siehe ... – sang man

vom Kliros, – denn es nahen, wie die gotteshelle Leuchte, von Westen und Norden, vom Meer und von Osten, deine Kinder ...«

Ich blickte in die Gesichter. Auf allen lag der lebendige Ausdruck der Feier; aber kein einziger Mensch hörte zu oder versenkte sich in das, was gesungen wurde, keinem »verschlug es den Atem«. Warum lösen sie Ieronim nicht ab? Ich konnte mir diesen Ieronim vorstellen, demütig irgendwo an der Wand stehend, den Kopf geneigt und begierig die Schönheit des heiligen Wortes in sich aufnehmend. Alles, was soeben am Ohr der Umstehenden vorbei glitt, hätte er mit seiner feinfühligen Seele in sich aufgesogen, aufgesogen bis zur Begeisterung, bis es ihm den Atem verschlüge, und es hätte in der ganzen Kirche keinen glücklicheren Menschen gegeben als ihn. Doch er fuhr vor und zurück über den dunklen Fluss und trauerte um seinen verstorbenen Bruder und Freund.

Von hinten erhob sich eine Welle. Ein fülliger, lächelnder Mönch, der, mit dem Rosenkranz spielend, sich ständig umblickte, drängte seitlich an mir vorbei, um einer Dame mit Hütchen und Samtjäckchen den Weg zu bahnen. Der Dame folgte, über unseren Köpfen einen Stuhl balancierend, ein Klosterdiener.

Ich ging hinaus. Ich wollte einen Blick auf den toten Nikolaj werfen, den unerkannten Verfasser von Akathisten. Ich ging zur Einfriedung, wo sich, entlang der Mauer, eine Reihe von Mönchszellen erstreckte, schaute zu einigen Fenstern hinein und kehrte, da nichts zu sehen war, zurück. Inzwischen bedauere ich nicht mehr, Nikolaj nicht gesehen zu haben; weiß Gott, vielleicht wäre, wenn ich ihn gesehen hätte, das Bild verlorengegangen, das meine Vorstellung heute von ihm entwirft. Diesen sympathischen, poetischen Menschen, der nachts hinausging, um nach Ieronim zu rufen, und der seine Akathiste mit Blumen, Sternen und Sonnenstrahlen übersäte, den Unverstandenen und Einsamen stelle ich mir schüchtern und bleich vor, mit weichen, sanften und traurigen Gesichtszügen. In seinen Augen müssen, außer Verstand, auch Liebe und eine kaum verhohlene kindliche Begeisterungsfähigkeit leuchten, die ich in Ieronims Stimme gehört hatte, als er mir Zitate aus den Akathisten vortrug.

Als wir nach der Messe aus der Kirche kamen, war die Nacht vorüber. Der Morgen brach an. Die Sterne waren erloschen, der Himmel zeigte sich graublau, mürrisch. Die Eisenplatten, Grabsteine und Knospen an den Bäumen waren mit Tau bedeckt. In der Luft spürte man plötzlich Frische. Draußen vor der Einfriedung herrschte nicht mehr dieselbe Lebhaftigkeit, die ich während der Nacht gesehen hatte. Pferde und Menschen schienen erschöpft, schläfrig, bewegten sich kaum, und von den Teerfässern waren nur mehr Klumpen schwarzer Asche geblieben. Wenn der Mensch erschöpft ist und schlafen will, dann scheint ihm, denselben Zustand erlebe auch die Natur. Mir schienen die Bäume und das junge Gras zu schlafen. Mir schien, dass sogar die Glocken nicht so laut und fröhlich läuteten wie in der Nacht. Die Unruhe war zu Ende, und von der Erregung war nur mehr eine angenehme Ermattung geblieben, das Bedürfnis nach Schlaf und Wärme.

Jetzt konnte ich den Fluss mit beiden Ufern sehen. Über ihm schwebte, Hügeln gleich, bald da, bald dort leichter

Nebel. Vom Wasser her wehte es kalt und streng. Als ich auf die Fähre sprang, standen auf ihr bereits jemandes Brička und ein, zwei Dutzend Männer und Frauen. Das Fährseil, nass und schläfrig, wie mir schien, zog sich weit durch den tiefen Fluss und verschwand stellenweise im weißen Nebel.

– Christ ist erstanden! Niemand mehr? – fragte eine leise Stimme.

Ich erkannte die Stimme Ieronims. Jetzt hinderte mich kein nächtliches Dunkel mehr, den Mönch genauer anzuschauen. Er war ein hochaufgeschossener schmalschultriger Mann, etwa 35, mit breiten, runden Gesichtszügen, mit halbgeschlossenen, träge dreinblickenden Augen und einem ungekämmten keilförmigen Bärtchen. Sein Aussehen war ungewöhnlich traurig und erschöpft.

– Hat man Sie noch immer nicht abgelöst? – staunte ich.

– Mich? – fragte er zurück, indem er mir sein verfrorenes, mit Tau bedecktes Gesicht zuwandte und lächelte. – Heute löst mich niemand mehr ab bis morgen in der Frühe. Jetzt gehen alle zum Vater Archimandriten, um das Ende der Fasten zu feiern.

Er und ein Bäuerlein mit einer roten Fellmütze, die aussah wie die Lindenbastfässchen, in denen man Honig verkauft, legten sich ins Fährseil, krächzten gemeinsam im Takt, und die Fähre legte ab.

Wir schwammen, glitten übers Wasser und brachten Unruhe in den träge sich hebenden Nebel. Alle schwiegen. Ieronim arbeitete automatisch mit einem Arm. Lange ließ er seine sanften, trüben Augen über uns schweifen, dann blieb sein Blick haften auf dem rosigen, schwarzbrauigen Gesicht einer jungen Kaufmannsfrau, die neben mir stand und schweigend in den Umarmungen des Nebels fror. Von ihrem Gesicht riss er den Blick bis zum Ende der Überfahrt nicht los.

In diesem ausdauernden Blick lag wenig Männliches. Mir scheint, im Gesicht dieser Frau suchte Ieronim die weichen und zärtlichen Züge seines entschlafenen Freundes.

Der Auferstandene

Er vermochte niemals bis zuletzt
ihr zu weigern oder abzuneinen,
dass sie ihrer Liebe sich berühme;
und sie sank ans Kreuz in dem Kostüme
eines Schmerzes, welches ganz besetzt
war mit ihrer Liebe größten Steinen.

Aber da sie dann, um ihn zu salben,
an das Grab kam, Tränen im Gesicht,
war er auferstanden ihrethalben,
dass er seliger ihr sage: Nicht –

Sie begriff es erst in ihrer Höhle,
wie er ihr, gestärkt durch seinen Tod,
endlich das Erleichternde der Öle
und des Rührens Vorgefühl verbot,

um aus ihr die Liebende zu formen
die sich nicht mehr zum Geliebten neigt,
weil sie, hingerissen von enormen
Stürmen, seine Stimme übersteigt.

HERMANN HESSE
Die Verlobung

In der Hirschengasse gibt es einen bescheidenen Weißwarenladen, der gleich seiner Nachbarschaft noch un-
berührt von den Veränderungen der neuen Zeit dasteht und
hinreichenden Zuspruch hat. Man sagt dort noch beim Abschied zu jedem Kunden, auch wenn er seit zwanzig Jahren regelmäßig kommt, die Worte: »Schenken Sie mir die
Ehre ein andermal wieder«, und es gehen dort noch zwei
oder drei alte Käuferinnen ab und zu, die ihren Bedarf an
Band und Litzen in Ellen verlangen und auch im Ellenmaß
bedient werden. Die Bedienung wird von einer ledig ge-
bliebenen Tochter des Hauses und einer angestellten Verkäuferin besorgt, der Besitzer selbst ist von früh bis spät im
Laden und stets geschäftig, doch redet er niemals ein Wort.
Er kann nun gegen siebzig alt sein, ist von sehr kleiner Sta-
tur, hat nette rosige Wangen und einen kurz geschnittenen
grauen Bart, auf dem vielleicht längst kahlen Kopfe aber
trägt er allezeit eine runde steife Mütze mit stramingestick-
ten Blumen und Mäandern. Er heißt Andreas Ohngelt und
gehört zur echten, ehrwürdigen Altbürgerschaft der Stadt.

Dem schweigsamen Kaufmännlein sieht niemand etwas
Besonderes an, es sieht sich seit Jahrzehnten gleich und
scheint ebenso wenig älter zu werden, als jemals jünger
gewesen zu sein. Doch war auch Andreas Ohngelt einmal

ein Knabe und ein Jüngling, und wenn man alte Leute fragt, kann man erfahren, dass er vorzeiten »der kleine Ohngelt« geheißen wurde und eine gewisse Berühmtheit wider Willen genoss. Einmal, vor etwa fünfunddreißig Jahren, hat er sogar eine »Geschichte« erlebt, die früher jedem Gerbersauer geläufig war, wenn sie auch jetzt niemand mehr erzählen und hören will. Das war die Geschichte seiner Verlobung.

Der junge Andreas war schon in der Schule aller Rede und Geselligkeit abgeneigt, er fühlte sich überall überflüssig und von jedermann beobachtet und war ängstlich und bescheiden genug, jedem andern im Voraus nachzugeben und das Feld zu räumen. Vor den Lehrern empfand er einen abgründigen Respekt, vor den Kameraden eine mit Bewunderung gemischte Furcht. Man sah ihn nie auf der Gasse und auf den Spielplätzen, nur selten beim Bad im Fluss, und im Winter zuckte er zusammen und duckte sich, sobald er einen Knaben eine Handvoll Schnee aufheben sah. Dafür spielte er daheim vergnügt und zärtlich mit den hinterbliebenen Puppen seiner älteren Schwester und mit einem Kaufladen, auf dessen Waage er Mehl, Salz und Sand abwog und in kleine Tüten verpackte, um sie später wieder gegeneinander zu vertauschen, auszuleeren, umzupacken und wieder zu wiegen. Auch half er seiner Mutter gern bei leichter Hausarbeit, machte Einkäufe für sie oder suchte im Gärtlein die Schnecken vom Salat.

Seine Schulkameraden plagten und hänselten ihn zwar häufig, aber da er nie zornig wurde und fast nichts übelnahm, hatte er im Ganzen doch ein leichtes und ziemlich zufriedenes Leben. Was er an Freundschaft und Gefühl bei seinesgleichen nicht fand und nicht weggeben durfte, das gab er seinen Puppen. Den Vater hatte er früh verloren, er war ein Spätling gewesen, und die Mutter hätte ihn wohl anders gewünscht, ließ ihn aber gewähren und hatte für seine fügsame Anhänglichkeit eine etwas mitleidige Liebe.

Dieser leidliche Zustand hielt jedoch nur so lange an, bis der kleine Andreas aus der Schule und aus der Lehre war, die er am obern Markt im Dierlamm'schen Geschäft abdiente. Um diese Zeit, etwa von seinem siebzehnten Jahre an, fing sein nach Zärtlichkeiten dürstendes Gemüt andere Wege zu gehen an. Der klein und schüchtern gebliebene Jüngling begann mit immer größeren Augen nach den Mädchen zu schauen und errichtete in seinem Herzen einen Altar der Frauenliebe, dessen Flamme desto höher loderte, je trauriger seine Verliebtheiten verliefen.

Zum Kennenlernen und Beschauen von Mädchen jeden Alters war reichliche Gelegenheit vorhanden, denn der junge Ohngelt war nach Ablauf seiner Lehrzeit in den Weißwarenladen seiner Tante eingetreten, den er später einmal übernehmen sollte. Da kamen Kinder, Schulmädchen, junge Fräulein und alte Jungfern, Mägde und Frauen tagaus, tagein, kramten in Bändern und Linnen, wählten Besätze und Stickmuster aus, lobten und tadelten, feilschten und wollten beraten sein, ohne doch auf Rat zu hören, kauften und tauschten das Gekaufte wieder um. Alledem wohnte der Jüngling höflich und schüchtern bei, er zog Schubladen heraus, stieg die Bockleiter hinauf und herunter, legte vor und packte wieder ein, notierte Bestellungen und gab über Preise Auskunft, und alle acht Tage war er in eine andere von seinen Kundinnen verliebt. Errötend pries er Litzen und Wolle an, zitternd quittierte er Rechnungen, mit Herzklopfen hielt er die Ladentür und sagte den Spruch vom Wiederbeehren, wenn eine schöne Junge hoffärtig das Geschäft verließ.

Um seinen Schönen recht gefällig und angenehm zu sein, gewöhnte Andreas sich feine und sorgfältige Manieren an. Er frisierte sein hellblondes Haar jeden Morgen sorgfältig, hielt seine Kleider und Leibwäsche sehr sauber und sah dem allmählichen Erscheinen eines Schnurrbärtchens mit Ungeduld entgegen. Er lernte beim Empfang seiner Kunden elegante Verneigungen machen, lernte beim Vorlegen der Zeuge sich mit dem linken Handrücken auf den Ladentisch stützen und auf nur anderthalb Beinen stehen und brachte es zur Meisterschaft im Lächeln, das er bald vom diskreten Schmunzeln bis zum innig glücklichen Strahlen beherrschte. Außerdem war er stets auf der Jagd nach neuen schönen Phrasen, die zumeist aus Umstandsworten bestanden und deren er immer neue und köstlichere erlernte und erfand. Da er von Hause aus im Sprechen unbeholfen und ängstlich war und schon früher nur selten einen vollkommenen Satz mit Subjekt und Prädikat ausgesprochen hatte, fand er nun in diesem sonderbaren Wortschatz eine Hilfe und gewöhnte sich daran, unter Verzicht auf Sinn und Verständlichkeit sich und andern eine Art von Sprechvermögen vorzutäuschen.

Sagte jemand: »Heut ist aber ein Prachtswetter«, so antwortete der kleine Ohngelt: »Gewiss – o ja – denn, mit Verlaub – allerdings –.« Fragte eine Käuferin, ob dieser Leinenstoff auch haltbar sei, so sagte er: »O bitte, ja, ohne Zweifel, sozusagen, ganz gewiss.« Und erkundigte sich jemand nach seinem Befinden, so erwiderte er: »Danke gehorsamst – freilich wohl – sehr angenehm –.« In besonders wichtigen und ehrenvollen Lagen scheute er auch vor Ausdrücken wie »nichtsdestoweniger, aber immerhin, keinesfalls hingegen« nicht zurück. Dabei waren alle seine Glieder vom geneigten Kopf bis zur wippenden Fußspitze ganz Aufmerksamkeit, Höflichkeit und Ausdruck. Am ausdrucksvollsten aber sprach sein verhältnismäßig langer Hals, der mager und sehnig und mit einem erstaunlich großen und beweglichen Adamsapfel ausgestattet war. Wenn der kleine schmachtende Ladengehilfe eine seiner Antworten im Stakkato gab, hatte man den Eindruck, er bestehe zu einem Drittel aus Kehlkopf.

Die Natur verteilt ihre Gaben nicht ohne Sinn, und wenn der bedeutende Hals des Ohngelt in einem Missverhältnis zu dessen Redefähigkeit stehen mochte, so war er als Eigentum und Wahrzeichen eines leidenschaftlichen Sängers desto berechtigter. Andreas war in hohem Grade ein Freund des Gesanges. Auch beim wohlgelungensten Kompliment, bei der feinsten kaufmännischen Gebärde, beim gerührtesten »Immerhin« und »Wennschon« war ihm vielleicht im Innersten der Seele nicht so schmelzend wohl wie beim Singen. Dieses Talent war in den Schulzeiten verborgen geblieben, kam aber nach vollendetem Stimmbruch zu immer schönerer Entfaltung, wenn auch nur im Geheimen. Denn es hätte zu der ängstlich scheuen Befangenheit Ohngelts nicht gepasst, dass er seiner heimlichen Lust und Kunst anders als in der sichersten Verborgenheit froh geworden wäre.

Am Abend, wenn er zwischen Mahlzeit und Bettgehen ein Stündlein in seiner Kammer verweilte, sang er im Dunkeln seine Lieder und schwelgte in lyrischen Entzückungen. Seine Stimme war ein ziemlich hoher Tenor, und was ihm an Schulung gebrach, suchte er durch Temperament zu ersetzen. Sein Auge schwamm in feuchtem Schimmer, sein schön gescheiteltes Haupt neigte sich rückwärts zum Nacken, und sein Adamsapfel stieg mit den Tönen auf und nieder. Sein Lieblingslied war »Wenn die Schwalben heimwärts ziehn«. Bei der Strophe »Scheiden, ach Scheiden tut weh« hielt er die Töne lang und zitternd aus und hatte manchmal Tränen in den Augen.

In seiner geschäftlichen Laufbahn kam er mit schnellen Schritten vorwärts. Es hatte der Plan bestanden, ihn noch einige Jahre nach einer größeren Stadt zu schicken. Nun aber machte er sich im Geschäft der Tante bald so unentbehrlich, dass diese ihn nicht mehr fortlassen wollte, und da er später den Laden erblich übernehmen sollte, war sein äußeres Wohlergehen für alle Zeiten gesichert. Anders stand es mit der Sehnsucht seines Herzens. Er war für alle Mädchen seines Alters, namentlich für die hübschen, trotz seiner Blicke und Verbeugungen nichts als eine komische Figur. Der Reihe nach war er in sie alle verliebt, und er hätte jede genommen, die ihm nur einen Schritt entgegengetan hätte. Aber den Schritt tat keine, obwohl er nach und nach seine Sprache um die gebildetsten Phrasen und seine Toilette um die angenehmsten Gegenstände bereicherte.

Eine Ausnahme gab es wohl, allein er bemerkte sie kaum. Das Fräulein Paula Kircher, das Kircherspäule genannt, war immer nett gegen ihn und schien ihn ernst zu nehmen. Sie war freilich weder jung noch hübsch, vielmehr einige Jahre älter als er und ziemlich unscheinbar, sonst aber ein tüchtiges und geachtetes Mädchen aus einer wohlhabenden Handwerkerfamilie. Wenn Andreas sie auf der Straße grüßte, dankte sie nett und ernsthaft, und wenn sie in den Laden kam, war sie freundlich, einfach und bescheiden, machte ihm das Bedienen leicht und nahm seine geschäftsmännischen Aufmerksamkeiten wie bare Münze hin. Daher sah er sie nicht ungern und hatte Vertrauen zu ihr, im Übrigen aber war sie ihm recht gleichgültig, und sie gehörte zu der geringen Anzahl lediger Mädchen, für die er außerhalb seines Ladens keinen Gedanken übrig hatte.

Bald setzte er seine Hoffnungen auf feine, neue Schuhe, bald auf ein nettes Halstuch, ganz abgesehen vom Schnurrbart, der allmählich sprosste und den er wie seinen Augapfel pflegte. Endlich kaufte er sich von einem reisenden Handelsmann auch noch einen Ring aus Gold mit einem großen Opal daran. Damals war er sechsundzwanzig Jahre alt.

Als er aber dreißig wurde und noch immer den Hafen der Ehe nur in sehnsüchtiger Ferne umsegelte, hielten Mutter und Tante es für notwendig, fördernd einzugreifen. Die Tante, die schon recht hoch in den Jahren war, machte den Anfang mit dem Angebot, sie wolle ihm noch zu ihren Lebzeiten das Geschäft abtreten, jedoch nur am Tage seiner Verheiratung mit einer unbescholtenen Gerbersauer Tochter. Dies war denn auch für die Mutter das Signal zum Angriff. Nach manchen Überlegungen kam sie zu dem Befinden, ihr Sohn müsse in einen Verein eintreten, um mehr unter Leute zu kommen und den Umgang mit Frauen zu lernen. Und da sie seine Liebe zur Sangeskunst wohl kannte, dachte sie ihn an dieser Angel zu fangen und legte ihm nahe, sich beim Liederkranz als Mitglied anzumelden.

Trotz seiner Scheu vor Geselligkeit war Andreas in der Hauptsache einverstanden. Doch schlug er statt des Liederkranzes den Kirchengesangverein vor, weil ihm die ernstere Musik besser gefalle. Der wahre Grund war aber der, dass dem Kirchengesangverein Margret Dierlamm angehörte. Diese war die Tochter von Ohngelts früherem Lehrprinzipal, ein sehr hübsches und fröhliches Mädchen von wenig mehr als zwanzig Jahren, und in sie war Andreas seit neuestem verliebt, da es schon seit geraumer Zeit keine ledigen Altersgenossinnen mehr für ihn gab, wenigstens keine hübschen.

Die Mutter hatte gegen den Kirchengesangverein nichts Triftiges einzuwenden. Zwar hatte dieser Verein nicht halb so viel gesellige Abende und Festlichkeiten wie der Liederkranz, dafür war aber die Mitgliedschaft hier viel wohlfeiler, und Mädchen aus guten Häusern, mit denen Andreas bei Proben und Aufführungen zusammenkommen würde, gab es auch hier genug. So ging sie denn ungesäumt mit dem Herrn Sohn zum Vorstand, einem greisen Schullehrer, der sie freundlich empfing.

»So, Herr Ohngelt«, sagte er, »Sie wollen bei uns mitsingen?«

»Ja, gewiss, bitte –«

»Haben Sie denn schon früher gesungen?«

»O ja, das heißt, gewissermaßen –«

»Nun, machen wir eine Probe. Singen Sie irgendein Lied, das Sie auswendig können.«

Ohngelt wurde rot wie ein Knabe und wollte um alles

nicht anfangen. Aber der Lehrer bestand darauf und wurde schließlich fast böse, so dass er am Ende doch sein Bangen überwand und mit einem resignierten Blick auf die ruhig dasitzende Mutter sein Leiblied anstimmte. Es riss ihn mit, und er sang den ersten Vers ohne Stocken.

Der Dirigent winkte, es sei genug. Er war wieder ganz höflich und sagte, das sei allerdings sehr nett gesungen, und man merke, dass es con amore geschehe, allein vielleicht wäre er doch mehr für weltliche Musik veranlagt, ob er es nicht etwa beim Liederkranz probieren wolle. Schon wollte Herr Ohngelt eine verlegene Antwort stammeln, da legte seine Mutter sich für ihn ins Zeug. Er singe wirklich schön, meinte sie, und sei jetzt nur ein wenig verlegen gewesen, und es wäre ihr gar so lieb, wenn er ihn aufnähme, der Lieder-kranz sei doch etwas ganz anderes und nicht so fein, und sie gebe auch jedes Jahr für die Kirchenbescherung, und kurz, wenn der Herr Lehrer so gut sein wollte, wenigstens für eine Probezeit, man werde ja alsdann schon sehen. Der alte Mann versuchte noch zweimal begütigend davon zu reden, dass das Kirchensingen kein Spaß sei und dass es ohnehin schon so eng hergehe auf dem Orgelpodium, aber die mütterliche Beredsamkeit siegte zuletzt doch. Es war dem bejahrten Dirigenten noch nie vorgekommen, dass ein Mann von über dreißig Jahren sich zum Mitsingen gemeldet und seine Mutter zum Beistand mitgebracht hatte. So ungewohnt und eigentlich unbequem ihm dieser Zuwachs zu seinem Chore war, machte ihm die Sache im Stillen doch ein Vergnügen, wenn auch nicht um der Musik willen. Er bestellte Andreas zur nächsten Probe und ließ die beiden lächelnd ziehen.

Am Mittwochabend fand sich der kleine Ohngelt

pünktlich in der Schulstube ein, wo die Proben abgehalten wurden. Man übte einen Choral für das Osterfest. Die allmählich ankommenden Sänger und Sängerinnen begrüßten das neue Mitglied sehr freundlich und hatten alle ein so aufgeräumtes und heiteres Wesen, dass Ohngelt sich selig fühlte. Auch Margret Dierlamm war da, und auch sie nickte dem Neuen mit freundlichem Lächeln zu. Wohl hörte er manchmal hinter sich leise lachen, doch war er ja gewöhnt, ein wenig komisch genommen zu werden, und ließ es sich nicht anfechten. Was ihn hingegen befremdete, war das zurückhaltend ernste Betragen des Kircherspäule, das ebenfalls anwesend war und, wie er bald bemerkte, sogar zu den geschätzteren Sängerinnen gehörte. Sie hatte sonst immer eine wohltuende Freundlichkeit gegen ihn gezeigt, und jetzt war gerade sie merkwürdig kühl und schien beinahe Anstoß daran zu nehmen, dass er hier eingedrungen war. Aber was ging ihn das Kircherspäule an?

Beim Singen verhielt sich Ohngelt überaus vorsichtig. Wohl hatte er von der Schule her noch eine leise Ahnung vom Notenwesen, und manche Takte sang er mit gedämpfter Stimme den andern nach, im Ganzen aber fühlte er sich seiner Kunst wenig sicher und hegte bange Zweifel daran, ob das jemals anders werden würde. Der Dirigent, den seine Verlegenheit lächerte und rührte, schonte ihn und sagte beim Abschied sogar: »Es wird mit der Zeit schon gehen, wenn Sie sich dranhalten.« Den ganzen Abend aber hatte Andreas das Vergnügen, in Margrets Nähe sein und sie häufig anschauen zu dürfen. Er dachte daran, dass bei dem öffentlichen Singen vor und nach dem Gottesdienst auf der Orgel die Tenöre gerade hinter den Mädchen aufgestellt waren, und malte sich die Wonne aus, am Osterfest und bei allen künftigen Anlässen so nahe bei Fräulein Dierlamm zu stehen und sie ungescheut betrachten zu können. Da fiel ihm zu seinem Schmerz wieder ein, wie klein und niedrig er gewachsen war und dass er zwischen den andern Sängern stehend nichts würde sehen können. Mit großer Mühe und vielem Stottern machte er einem der Mitsinger diese seine künftige Notlage auf der Orgel klar, natürlich ohne den wahren Grund seines Kummers zu nennen. Da beruhigte ihn der Kollege lachend und meinte, er werde ihm schon zu einer ansehnlichen Aufstellung verhelfen können.

Nach dem Schluss der Probe lief alles davon, kaum dass man einander grüßte. Einige Herren begleiteten Damen nach Hause, andere gingen miteinander zu einem Glas Bier. Ohngelt blieb allein und kläglich auf dem Platze vor dem finsteren Schulhaus stehen, sah den andern und namentlich der Margret beklommen nach und machte ein enttäuschtes Gesicht, da kam das Kircherspäule an ihm vorbei, und als er den Hut zog, sagte sie: »Gehen Sie heim? Dann haben wir ja einen Weg und können miteinander gehen.« Dankbar schloss er sich an und lief neben ihr her durch die feuchten, märzkühlen Gassen heimwärts, ohne mehr Worte als den Gutenachtgruß mit ihr zu tauschen.

Am nächsten Tag kam Margret Dierlamm in den Laden, und er durfte sie bedienen. Er fasste jeden Stoff an, als wäre er Seide, und bewegte den Maßstab wie einen Fiedelbogen, er legte Gefühl und Anmut in jede kleine Dienstleistung, und leise wagte er zu hoffen, sie würde ein Wort von gestern und vom Verein und von der Probe sagen. Richtig tat sie das auch. Gerade noch unter der Türe fragte sie: »Es war mir ganz neu, dass Sie auch singen, Herr Ohngelt. Singen Sie denn schon lang?« Und während er unter Herzklopfen hervorstieß: »Ja – vielmehr nur so – mit Verlaub«, entschwand sie leicht nickend in die Gasse.

»Schau, schau!«, dachte er bei sich und spann Zukunftsträume, ja er verwechselte beim Einräumen zum ersten Mal in seinem Leben die halbwollenen Litzen mit den reinwollenen.

Indessen kam die Osterzeit immer näher, und da sowohl am Karfreitag wie am Ostersonntag der Kirchenchor singen sollte, gab es mehrmals in der Woche Proben. Ohngelt erschien stets pünktlich und gab sich alle Mühe, nichts zu verderben, wurde auch von jedermann mit Wohlwollen behandelt. Nur das Kircherspäule schien nicht recht mit ihm zufrieden zu sein, und das war ihm nicht lieb, denn sie war schließlich doch die einzige Dame, zu der er ein volles Vertrauen hatte. Auch fügte es sich regelmäßig, dass er an ihrer Seite nach Hause ging, denn der Margret seine Begleitung anzutragen, war wohl stets sein stiller Wunsch und Entschluss, doch fand er nie den Mut dazu.

So ging er denn mit dem Päule. Die ersten Male wurde auf diesem Heimgang kein Wort geredet. Das nächste Mal nahm die Kircher ihn ins Gebet und fragte, warum er nur so wortkarg sei, ob er sie denn fürchte.

»Nein«, stammelte er erschrocken, »das nicht – vielmehr – gewiss nicht – im Gegenteil.«

Sie lachte leise und fragte: »Und wie geht's denn mit dem Singen? Haben Sie Freude dran?«

»Freilich ja – sehr – jawohl.«

Sie schüttelte den Kopf und sagte leise: »Kann man denn mit Ihnen wirklich nicht reden, Herr Ohngelt? Sie drücken sich auch um jede Antwort herum.«

Er sah sie hilflos an und stotterte.

»Ich meine es doch gut. Glauben Sie das nicht?«

Er nickte heftig.

»Also denn! Können Sie denn gar nichts reden als wieso und immerhin und mit Verlaub und dergleichen Zeug?«

»Ja, schon, ich kann schon, obwohl – allerdings.«

»Ja, obwohl und allerdings. Sagen Sie, am Abend mit Ihrer Frau Mutter und mit der Tante reden Sie doch auch deutsch, oder nicht? Dann tun Sie's doch auch mit mir und mit andern Leuten. Man könnte dann doch ein vernünftiges Gespräch führen. Wollen Sie nicht?«

»Doch ja, ich will schon – gewiss –«

»Also gut, das ist gescheit von Ihnen. Jetzt kann ich doch mit Ihnen reden. Ich hätte nämlich einiges zu sagen.«

Und nun sprach sie mit ihm, wie er es nicht gewöhnt war. Sie fragte, was er denn im Kirchengesangverein suche, wenn er doch nicht singen könne und wo fast nur Jüngere als er seien. Und ob er nicht merke, dass man sich dort manchmal über ihn lustig mache und mehr von der Art. Aber je mehr der Inhalt ihrer Rede ihn demütigte, desto eindringlicher empfand er die gütige und wohlmeinende Art ihres Zuredens. Etwas weinerlich schwankte er zwischen kühler Ablehnung und gerührter Dankbarkeit. Da waren sie schon vor dem Kircher'schen Hause. Paula gab ihm die Hand und sagte ernsthaft:

»Gute Nacht, Herr Ohngelt, und nichts für ungut. Nächstes Mal reden wir weiter, gelt?«

Verwirrt ging er heim, und so weh ihm war, wenn er an ihre Enthüllungen dachte, so neu und tröstlich war es ihm, dass jemand so freundschaftlich und ernst und wohlgesinnt mit ihm gesprochen hatte.

Auf dem Heimweg von der nächsten Probe gelang es ihm schon, in ziemlich deutscher Sprache zu reden, etwa wie daheim mit der Mutter, und mit dem Gelingen stieg sein Mut und sein Vertrauen. Am folgenden Abend war er schon so weit, dass er ein Bekenntnis abzulegen versuchte, er war sogar halb entschlossen, die Dierlamm mit Namen zu nennen, denn er versprach sich Unmögliches von Päules Mitwisserschaft und Hilfe. Aber sie ließ ihn nicht dazu kommen. Sie schnitt seine Geständnisse plötzlich ab und sagte: »Sie wollen heiraten, nicht wahr? Das ist auch das Gescheiteste, was Sie tun können. Das Alter haben Sie ja.«

»Das Alter, ja, das schon«, sagte er traurig. Aber sie lachte nur, und er ging ungetröstet heim. Das nächste Mal kam er wieder auf diese Angelegenheit zu sprechen. Das Päule entgegnete bloß, er müsse ja wissen, wen er haben wolle; gewiss sei nur, dass die Rolle, die er im Gesangverein spiele, ihm nicht förderlich sein könnte, denn junge Mädchen nähmen schließlich bei einem Liebhaber alles lieber in Kauf als Lächerlichkeit.

Die Seelenqualen, in welche ihn diese Worte versetzt hatten, wichen endlich der Aufregung und den Vorbereitungen zum Karfreitag, an welchem Ohngelt zum ersten Mal im Chor auf der Orgeltribüne sich zeigen sollte. Er kleidete sich an diesem Morgen mit besonderer Sorgfalt an und kam mit gewichstem Zylinder frühzeitig in die Kirche. Nachdem ihm sein Platz angewiesen worden war, wandte er sich nochmals an jenen Kollegen, der ihm bei der Aufstellung behilflich zu sein versprochen hatte. Wirklich schien dieser die Sache nicht vergessen zu haben, er winkte dem Orgeltreter, und dieser brachte schmunzelnd ein kleines Kistlein, das wurde an Ohngelts Stehplatz hingesetzt und der kleine Mann daraufgestellt, so dass er nun im Sehen und Gesehenwerden dieselben Vorteile genoss wie die längsten Tenöre. Nur war das Stehen auf diese Art mühevoll und gefährlich, er musste sich genau im Gleichgewicht halten und vergoss manchen Tropfen Schweiß bei dem Gedanken, er könnte umfallen und mit gebrochenen Beinen unter die an der Brüstung postierten Mädchen hinabstürzen, denn der Orgelvorbau neigte sich in schmalen, stark abfallenden Terrassen niederwärts gegen das Kirchenschiff. Dafür hatte er aber das Vergnügen, der schönen Margret Dierlamm aus beklemmender Nähe in den Nacken schauen zu können. Da der Gesang und der ganze Gottesdienst vorüber war, fühlte er sich erschöpft und atmete tief auf, als die Türen geöffnet und die Glocken gezogen wurden.

Tags darauf warf ihm das Kircherspäule vor, sein künstlich erhobener Standpunkt sehe recht hochmütig aus und mache ihn lächerlich. Er versprach, sich späterhin seines kurzen Leibes nicht mehr zu schämen, doch wollte er morgen am Osterfeste ein letztes Mal das Kistlein benutzen, schon um den Herrn, der es ihm angeboten, nicht zu beleidigen. Sie wagte nicht zu sagen, ob er denn nicht sehe, dass jener die Kiste nur hergebracht habe, um sich einen Spaß mit ihm zu machen. Kopfschüttelnd ließ sie ihn gewähren und war über seine Dummheit so ärgerlich wie über seine Arglosigkeit gerührt.

Am Ostersonntag ging es im Kirchenchor noch um einen Grad feierlicher zu als neulich. Es wurde eine schwierige Musik aufgeführt, und Ohngelt balancierte tapfer auf seinem Gerüste. Gegen den Schluss des Chorals hin nahm er jedoch mit Entsetzen wahr, dass sein Standörtlein unter seinen Sohlen zu wanken und unfest zu werden begann. Er konnte nichts tun, als stillhalten und womöglich den Sturz über die Terrasse vermeiden. Dieses gelang ihm auch, und statt eines Skandals und Unglücks ereignete sich nichts, als dass der Tenor Ohngelt unter leisem Krachen sich langsam verkürzte und mit angsterfülltem Gesicht abwärts sinkend aus der Sichtbarkeit verschwand. Der Dirigent, das Kirchenschiff, die Emporen und der schöne Nacken der blonden Margret gingen nacheinander seinem Blick verloren, doch kam er heil zu Boden, und in der Kirche hatte außer den grinsenden Sangesbrüdern nur ein Teil der nahe sitzenden männlichen Schuljugend den Vorgang wahrgenommen. Über die Stätte seiner Erniedrigung hinweg jubilierte und frohlockte der kunstreiche Osterchoral.

Als unterm Kehraus des Organisten das Volk die Kirche verließ, blieb der Verein auf seiner Tribüne noch auf ein paar Worte beieinander, denn morgen, am Ostermontag, sollte wie jedes Jahr ein festlicher Vereinsausflug unternommen werden. Auf diesen Ausflug hatte Andreas Ohngelt von Anfang an große Erwartungen gestellt. Er fand jetzt sogar den Mut, Fräulein Dierlamm zu fragen, ob sie auch mitzukommen gedenke, und die Frage kam ohne viel Anstoß über seine Lippen.

»Ja, gewiss gehe ich mit«, sagte das schöne Mädchen mit Ruhe, und dann fügte sie hinzu: »Übrigens, haben Sie sich vorher nicht weh getan?« Dabei stieß sie das verhaltene Lachen so, dass sie auf keine Antwort mehr wartete und davonlief. In demselben Augenblick schaute das Päule herüber, mit einem mitleidigen und ernsthaften Blick, der Ohngelts Verwirrung noch steigerte. Sein flüchtig aufgeloderter Mut war nicht minder eilig wieder umgeschlagen, und wenn er von dem Ausflug nicht schon mit seiner Mama geredet und diese nicht schon zum Mitgehen aufgefordert gehabt hätte, so wäre er jetzt am liebsten vom Ausflug, vom Verein und von allen seinen Hoffnungen zurückgetreten.

Der Ostermontag war blau und sonnig, und um zwei Uhr kamen fast alle Mitglieder des Gesangvereins mit mancherlei Gästen und Verwandten oberhalb der Stadt in der Lärchenallee zusammen. Ohngelt brachte seine Mutter mit. Er hatte ihr am vergangenen Abend gestanden, dass er in Margret verliebt sei, und zwar wenig Hoffnungen hege, dem mütterlichen Beistand aber und dem Ausflugsnachmittage doch noch einiges zutraue. Sosehr sie ihrem Kleinen das Beste gönnte, so schien ihr doch Margret zu jung und zu hübsch für ihn zu sein. Man konnte es ja versuchen; die Hauptsache war, dass Andreas bald eine Frau bekam, schon des Ladens wegen.

Man rückte ohne Gesang aus, denn der Waldweg ging ziemlich steil und beschwerlich bergauf. Frau Ohngelt fand trotzdem Sammlung und Atem genug, um ernstlich ihrem Sohn die letzten Verhaltungsmaßregeln für die kommenden Stunden einzuschärfen und hernach ein aufgeräumtes Gespräch mit Frau Dierlamm anzufangen. Margrets Mutter bekam, während sie Mühe hatte, im Bergansteigen Luft für die notwendigsten Antworten zu erübrigen, eine Reihe angenehmer und interessanter Dinge zu hören. Frau Ohngelt begann mit dem prächtigen Wetter, ging von da zu einer Würdigung der Kirchenmusik, einem Lob für Frau Dierlamms rüstiges Aussehen und einem Entzücken über das Frühlingskleid der Margret über, sie verweilte bei Angelegenheiten der Toilette und gab schließlich eine Darstellung von dem erstaunlichen Aufschwung, den der Weißwarenladen ihrer Schwägerin in den letzten Jahren genommen habe. Frau Dierlamm konnte auf dieses hin nicht anders, als auch des jungen Ohngelt lobend zu erwähnen, der so viel Geschmack und kaufmännische Fähigkeiten zeige, was ihr Mann schon vor manchen Jahren während Andreas' Lehrzeit bemerkt und anerkannt habe. Auf diese Schmeichelei antwortete die entzückte Mutter mit einem halben Seufzer. Freilich, der Andreas sei tüchtig und werde es noch weit bringen, auch sei der prächtige Laden schon so gut wie sein Eigentum, ein Jammer aber sei es mit seiner Schüchternheit gegen die Frauenzimmer. Seinerseits fehle es weder an Lust noch an den wünschenswerten Tugenden für das Heiraten, wohl aber an Zutrauen und Unternehmungsmut.

Frau Dierlamm begann nun die besorgte Mutter zu trösten, und wenn sie dabei auch weit davon entfernt war, an ihre Tochter zu denken, versicherte sie doch, dass eine Verbindung mit Andreas für jede ledige Tochter der Stadt nur willkommen sein könnte. Diese Worte sog die Ohngelt wie Honig ein.

Unterdessen war Margret mit anderen jungen Leuten der Gesellschaft weit vorangeeilt, und diesem kleinen Kreise der Jüngsten und Lustigsten schloss sich auch Ohngelt an, obwohl er alle Not hatte, mit seinen kurzen Beinen nach-zukommen.

Wieder waren alle ausnehmend freundlich gegen ihn, denn für diese Spaßvögel war der ängstliche Kleine mit seinen verliebten Augen ein gefundenes Fressen. Auch die hübsche Margret tat mit und zog den Anbeter je und je mit scheinbarem Ernst ins Gespräch, so dass er vor glücklicher Erregung und verschluckten Satzteilen ganz heiß wurde.

Allein das Vergnügen dauerte nicht lange. Allmählich merkte der arme Teufel doch, dass er hinterrücks ausgelacht wurde, und wenn er sich auch darein zu schicken wusste, so ward er doch niedergeschlagen und ließ die Hoffnung wieder sinken. Äußerlich ließ er sich jedoch möglichst wenig anmerken. Die Ausgelassenheit der jungen Leute stieg mit jeder Viertelstunde, und er lachte angestrengt desto lauter mit, je deutlicher er alle Witze und Andeutungen als auf sich selber gemünzt erkannte. Schließlich endete der Keckste von den Jungen, ein baumlanger Apothekergehilfe, die Neckereien durch einen recht groben Scherz.

Man kam gerade an einer schönen alten Eiche vorüber, und der Apotheker bot sich an zu versuchen, ob er den untersten Ast des hohen Baumes mit den Händen erreichen könne. Er stellte sich auf und sprang mehrmals in die Höhe, aber es reichte nicht ganz, und die im Halbkreis umherstehenden Zuschauer begannen ihn auszulachen. Da kam er auf den Einfall, sich durch einen Witz wieder in Ehren und einen andern an die Stelle des Ausgelachten zu bringen. Plötzlich griff er den kleinen Ohngelt um den Leib, hob ihn in die Höhe und forderte ihn auf, den Ast zu fassen und sich daran zu halten. Der Überraschte war empört und wäre gewiss nicht darauf eingegangen, hätte er nicht in seiner schwebenden Lage Furcht vor einem Sturz gehabt. So packte er denn zu und klammerte sich an; sobald sein Träger dies aber bemerkte, ließ er ihn los, und Ohngelt hing nun unter dem Gelächter der Jugend hilflos hoch am Ast, mit den Beinen zappelnd und zornige Schreie ausstoßend.

»Herunter!«, schrie er heftig. »Nehmen Sie mich sofort wieder herunter, Sie!«

Seine Stimme überschlug sich, er fühlte sich vollkommen vernichtet und ewiger Schande preisgegeben. Der Apotheker aber meinte, nun müsse er sich loskaufen, und alle jubelten Beifall.

»Sie müssen sich loskaufen«, rief auch Margret Dierlamm.

Da konnte er doch nicht widerstehen.

»Ja, ja«, rief er, »aber schnell!«

Sein Peiniger hielt nun eine kleine Rede des Inhalts, dass Herr Ohngelt schon seit drei Wochen Mitglied des Kirchengesangvereins wäre, ohne dass jemand ihn habe singen hören. Nun könne er nicht eher aus seiner hohen und gefährlichen Lage befreit werden, als bis er der Versammlung ein Lied vorgesungen habe.

Kaum hatte er gesprochen, so begann Andreas auch schon zu singen, denn er fühlte sich von seinen Kräften verlassen. Halb schluchzend fing er an: »Gedenkst du noch der Stunde« – und war noch nicht mit der ersten Strophe fertig, so musste er loslassen und stürzte mit einem Schrei herab. Alle waren nun doch erschrocken, und wenn er ein Bein gebrochen hätte, wäre er gewiss eines reumütigen Mitleids sicher gewesen.

Aber er stand zwar blass, doch unversehrt wieder auf, griff nach seinem Hut, der neben ihm im Moos lag, setzte ihn sorgfältig wieder auf und ging schweigend davon – denselben Weg zurück, den sie gekommen waren. Hinter der nächsten Wegbiegung setzte er sich am Straßenrand nieder und suchte sich zu erholen.

Hier fand ihn der Apotheker, der ihm mit schlechtem Gewissen nachgeschlichen war. Er bat um Verzeihung, ohne eine Antwort zu erhalten.

»Es tut mir wirklich sehr leid«, sagte er nochmals bittend, »ich hatte gewiss nichts Böses im Sinn. Bitte verzeihen Sie mir, und kommen Sie wieder mit!«

»Es ist schon gut«, sagte Ohngelt und winkte ab, und der andere ging unbefriedigt davon.

Wenig später kam der zweite Teil der Gesellschaft mit den älteren Leuten und den beiden Müttern dabei langsam angerückt. Ohngelt ging zu seiner Mutter hin und sagte:

»Ich will heim.«

»Heim? Ja warum denn? Ist was passiert?«

»Nein. Aber es hat doch keinen Wert, ich weiß es jetzt gewiss.«

»So? Hast du einen Korb gekriegt?«

»Nein. Aber ich weiß doch –«

Sie unterbrach ihn und zog ihn mit.

»Jetzt keine Faxen! Du kommst mit, und es wird schon recht werden. Beim Kaffee setz ich dich neben die Margret, pass auf.«

Er schüttelte bekümmert den Kopf, gehorchte aber und ging mit. Das Kircherspäule versuchte eine Unterhaltung mit ihm anzufangen und musste es wieder aufgeben, denn er blickte schweigend geradeaus und hatte ein so gereiztes und verbittertes Gesicht, wie es niemand an ihm je gesehen hatte.

Nach einer halben Stunde erreichte die Gesellschaft das Ziel des Ausflugs, ein kleines Walddorf, dessen Wirtshaus durch seinen guten Kaffee bekannt war und in dessen Nähe die Ruinen einer Raubritterburg lagen. Im Wirtsgarten war die schon länger angekommene Jugend lebhaften Spielen hingegeben. Jetzt wurden Tische aus dem Hause gebracht und zusammengerückt, die jungen Leute trugen Stühle und Bänke herbei; frisches Tischzeug wurde aufgelegt und die Tafeln mit Tassen, Kannen, Tellern und Backwerk bestellt. Frau Ohngelt gelang es richtig, ihren Sohn an Margrets Seite zu bringen. Er aber nahm seines Vorteils nicht wahr, sondern dämmerte im Gefühl seines Unglücks trostlos vor sich hin, rührte gedankenlos mit dem Löffel im erkaltenden Kaffee und schwieg hartnäckig trotz allen Blicken, die seine Mutter ihm sandte.

Nach der zweiten Tasse beschlossen die Anführer der Jungen, einen Gang nach der Burgruine zu tun und dort Spiele zu machen. Lärmend erhob sich die Jungmannschaft samt den Mädchen. Auch Margret Dierlamm stand auf, und im Aufstehen übergab sie dem mutlos verharrenden Ohngelt ihr hübsches perlenbesticktes Handtäschlein mit den Worten:

»Bitte bewahren Sie mir das gut, Herr Ohngelt, wir gehen zum Spielen.« Er nickte und nahm das Ding zu sich. Die grausame Selbstverständlichkeit, mit der sie annahm, er werde bei den Alten bleiben und sich nicht an den Spielen beteiligen, wunderte ihn nicht mehr. Ihn wunderte nur noch, dass er das alles nicht von Anfang an bemerkt hatte, die merkwürdige Freundlichkeit bei den Proben, die Geschichte mit dem Kistlein und alles andere.

Als die jungen Leute gegangen waren und die Zurückgebliebenen weiter Kaffee tranken und Gespräche spannen, verschwand Ohngelt unvermerkt von seinem Platz und ging hinterm Garten übers Feld dem Walde zu. Die hübsche Tasche, die er in der Hand trug, glitzerte freudig im Sonnenlicht. Vor einem frischen Baumstrunk machte er halt. Er zog sein Taschentuch heraus, breitete es über das noch lichte, feuchte Holz und setzte sich darauf. Dann stützte er den Kopf in die Hände und brütete über traurigen Gedanken, und als sein Blick wieder auf die bunte Tasche fiel und als zugleich mit einem Windzug die Schreie und Freudenrufe der Gesellschaft herüberklangen, neigte er den schweren Kopf tiefer und begann lautlos und kindlich zu weinen.

Wohl eine Stunde lang blieb er sitzen. Seine Augen waren wieder trocken und seine Erregung verflogen, aber das Traurige seines Zustandes und die Hoffnungslosigkeit seiner Bestrebungen waren ihm jetzt noch klarer als zuvor. Da hörte er einen leichten Schritt sich nähern, ein Kleid rauschen, und ehe er von seinem Sitz aufspringen konnte, stand die Paula Kircher neben ihm.

»Ganz allein?«, fragte sie scherzend. Und da er nicht antwortete und sie ihn genauer anschaute, wurde sie plötzlich ernst und fragte mit frauenhafter Güte: »Wo fehlt es denn? Ist Ihnen ein Unglück geschehen?«

»Nein«, sagte Ohngelt leise und ohne nach Phrasen zu suchen. »Nein. Ich habe nur eingesehen, dass ich nicht unter die Leute passe. Und dass ich ihr Hanswurst gewesen bin.«

»Nun, so schlimm wird es nicht sein –«

»Doch, gerade so. Ihr Hanswurst bin ich gewesen, und besonders noch den Mädchen ihrer. Weil ich gutmütig gewesen bin und es redlich gemeint habe. Sie haben recht gehabt, ich hätte nicht in den Verein gehen sollen.«

»Sie können ja wieder austreten, und dann ist alles gut.«

»Austreten kann ich schon, und ich tu es lieber heut als morgen. Aber damit ist noch lange nicht alles gut.«

»Warum denn nicht?«

»Weil ich zum Spott für sie geworden bin. Und weil jetzt vollends keine mehr –«

Das Schluchzen übernahm ihn beinahe. Sie fragte freundlich: »– und weil jetzt keine mehr –?«

Mit zitternder Stimme fuhr er fort: »Weil jetzt kein Mädchen mehr mich achtet und mich ernst nehmen will.«

»Herr Ohngelt«, sagte das Päule langsam, »sind Sie jetzt nicht ungerecht? Oder meinen Sie, ich achte Sie nicht und nehme Sie nicht ernst?«

»Ja, das wohl. Ich glaube schon, dass Sie mich noch achten. Aber das ist es nicht.«

»Ja, was ist es denn?«

»Ach Gott, ich sollte gar nicht davon reden. Aber ich werde ganz irr, wenn ich denke, dass jeder andere es besser hat als ich, und ich bin doch auch ein Mensch, nicht? Aber mich – mich will – mich will keine heiraten!«

Es entstand eine längere Pause. Dann fing das Päule wieder an: »Ja, haben Sie denn schon die eine oder andre gefragt, ob sie will oder nicht?«

»Gefragt! Nein, das nicht. Zu was auch? Ich weiß ja vorher, dass keine will.«

»Dann verlangen Sie also, dass die Mädchen zu Ihnen kommen und sagen: Ach, Herr Ohngelt, verzeihen Sie, aber ich möchte so schrecklich gern haben, dass Sie mich heiraten! Ja, auf das werden Sie freilich noch lang warten können.«

»Das weiß ich wohl«, seufzte Andreas. »Sie wissen schon, wie ich's meine, Fräulein Päule. Wenn ich wüsste, dass eine es so gut mit mir meint und mich ein wenig gut leiden könnte, dann – «

»Dann würden Sie vielleicht so gnädig sein und ihr zublinzeln oder mit dem Zeigefinger winken! Lieber Gott, Sie sind – Sie sind – «

Damit lief sie davon, aber nicht etwa mit einem Gelächter, sondern mit Tränen in den Augen. Ohngelt konnte das nicht sehen, doch hatte er etwas Sonderbares in ihrer Stimme und in ihrem Davonlaufen bemerkt, darum rannte er ihr nach, und als er bei ihr war und beide keine Worte fanden, hielten sie sich plötzlich umarmt und gaben sich einen Kuss. Da war der kleine Ohngelt verlobt.

Als er mit seiner Braut verschämt und doch tapfer Arm in Arm in den Wirtsgarten zurückkehrte, war alles schon zum Aufbruch bereit und hatte nur noch auf die zwei gewartet. In dem allgemeinen Tumult, Erstaunen, Kopfschütteln und Glückwünschen trat die schöne Margret vor Ohngelt und fragte:

»Ja, wo haben Sie denn meine Handtasche gelassen?«

Bestürzt gab der Bräutigam Auskunft und eilte in den Wald zurück, und das Päule lief mit. An der Stelle, wo er so lang gesessen und geweint hatte, lag im braunen Laub der schimmernde Beutel, und die Braut sagte: »Es ist gut, dass wir noch einmal herüber sind. Da liegt ja auch noch dein Sacktuch.«

SIMONE LAPPERT
Der Glamour einer Ostereule

Wieder einmal nähert sich ein Feiertag, Sie wissen schon, der mit den Hasen. Es ist nicht zu übersehen, seit Wochen lauert in allen Ecken der Dekowahnsinn, ob in Schaufenstern, Schulkantinen oder Autobahnraststätten – es gibt kein Entkommen. Pastellfarbene Kaninchen, Küken, Hühnchen, Schäfchen, wohin der frühlingsmüde Blick auch fällt.

Und wie jedes Jahr, wenn selbst meine stilsichersten Freundinnen anfangen, Ostergras zu säen, Eier auszublasen und bunte Blechhühner auf ihren Fenstersims zu stellen, muss ich über mein Verhältnis zu Kitsch und Deko nachdenken.

Damit Sie mich nicht falsch verstehen: Ich liebe kitschige Gegenstände. Gerne auch etwas over the top. Vielleicht, weil ich ein Kind der 8oer-Jahre bin, in denen eine Freude an Glanz und Exzentrik herrschte, die ich zuweilen vermisse. Das perlmuttfarbene Kaffeegeschirr mit Goldrand, das ich von meiner Grossmutter geerbt habe, finde ich heute noch genau so faszinierend wie als Kind, es steht bei mir wie bei ihr damals gut sichtbar in der Esszimmervitrine.

Auch mein Kerzenhalter in Form eines bunten Kakadus macht jeden Umzug mit. Und jedes Jahr nach den Festtagen gönne ich mir im Ausverkauf bei Globus eine Christbaumkugel, einen glitzernden Granatapfel, eine schimmernde Schleiereule oder einen goldenen Hirsch. Und auch wenn mir der Weihnachtszirkus zuweilen gewaltig auf den Geist geht, gibt es doch diese stillen, kalten Sonntagabende, an denen ich durch die Stadt schlendere, all das Geglitzere und Geleuchte insgeheim toll und tröstlich finde und Lust bekomme, selbst zu dekorieren.

Mit Ostern ist das anders. Das liegt nicht allein an dem etwas verstörenden Umstand, dass hier Hasen offenbar zu nistenden Tieren werden, die bunte Eier legen. Die Osterdeko pompt und prunkt einfach nicht so richtig. Es fehlt gewissermassen das Goldene vom Ei. Es mag daran liegen, dass Küken, Schafe und Kaninchen nicht dieselbe Anmut besitzen wie Rehe, Hirsche und Rentiere. Ein Huhn, sorry, ist halt einfach nicht ganz so glamourös wie eine Schleiereule. Was vermutlich auch daran liegt, dass Eulen in freier Wildbahn und für uns Menschen weitgehend unerreichbar leben. Wohingegen das Pendant zum Osterzoo in jedem Agglo-Tierpark zu finden ist. Und womöglich geht es bei Kitsch und Deko ja genau darum. Ums Unerreichbare, um eine Art gutartigen Neid auf die Perfektion von Flora und Fauna: die vollendete Form einer Hyazinthe, die Pracht einer Pfauenfeder, den Glanz eines Leopardenfells, um alles, was wir nicht sind und nicht haben können.

Wer weiss, vielleicht schmücke ich dieses Jahr doch einen Osterzweig. Mit ausgewählten Stücken aus der Weihnachtskiste. Immerhin ist man sich bei der Rolle des Osterhasen ja auch nicht ganz sicher, es heisst sogar, es könnte sich ursprünglich um einen eierbringenden Storch gehandelt haben.

Vielleicht kommen dieses Jahr einfach die Ostereule und der Osterhirsch zu mir nach Hause. Hauptsache, sie bringen Schokolade.

Ostern

Ostern war für uns Dorfkinder ein gar schönes Fest. Der rauhe Winter hatte sich unter dem warmen Sonnenhauche in die Berge zurückgezogen, Halden und Wiesen bedeckte ein liebliches Grün, im Walde blühten Tausende von himmelblauen Märzenblümchen, und die Bäume waren übersät mit rosigen Blütenknospen. Alles war so voller Erwartung, daß es schien, als müßte jeden Augenblick irgendwo in den Lüften ein Reigen erschallen als Auftakt zu einem noch viel größeren namenlosen Wunder.

Die Sitten und Gebräuche in unserem Dorfe trugen reichlich dazu bei, uns Kindern das Osterfest zum allerschönsten Feste des Jahres zu machen.

Es gab da drei Dinge, auf die wir uns grenzenlos freuten, und die sich Jahr für Jahr am Ostersonntag fast gesetzmäßig erfüllten: ein neues Kleid, das »Oesterlen« und das »Eierpotschen«.

Das »Oesterlen« bestand darin, daß Knaben und Mädchen derselben Klasse sich am Nachmittage mit einem Korb voll Ostergebackenem, als da waren Osterbohnen, Hosenknöpfe, Eierzöpfe und zerrissene Hosen, im Hause einer Tante oder Großmutter zum Kaffee einfanden. Die mitgebrachten Sachen wurden in eine ungeheure Schüssel, die in der Mitte des Tisches stand, geworfen. Dann setzte man uns gewaltige Tassen mit Kaffee vor, und wir aßen und tranken ohne jede Aufsicht nach Herzenslust. Nach der Schmauserei wurde gespielt, gesungen und getollt, und am Abend gingen wir mit leeren Körben und überladenem Magen wieder nach Hause, waren voll von dem schönen Tage und freuten uns schon auf »Ostern übers Jahr«.

Eine ganz andere, sogar etwas verzwickte Sache war das »Eierpotschen«. Es vollzog sich auf der Straße, auf dem Dorfplatze oder auf den Wiesen. So gegen zehn Uhr erschienen die Kinder in ihren neuen Kleidern vor den Häusern, beobachteten sich von ferne, näherten sich, rotteten sich zusammen und bewunderten vorerst gegenseitig gründlich die neuen Kleider. Dies alles war aber nur das Präludium zu dem folgenden Spiele, für das jedes zwei oder drei bunte Ostereier in der Hand oder in der Tasche bereit hatte. Diese wurden erst so nach und nach hervorgeholt, gezeigt und deren Farbenpracht bestaunt. Dann prüfte man sie auf ihre Härte. Dies geschah, indem man die Spitze des Eies an die Unterzähne schlug – natürlich mit der allergrößten Vorsicht. Gab die Spitze einen dumpfen Ton, so war die Schale des betreffenden Eies unfehlbar schwach, und der Besitzer hütete sich, mit seinem Ei zu »potschen«. Klang der Ton aber hell, so wuchs die Unternehmungslust dessen, der es besaß, denn dieses Ei war nach aller Beurteilung steinhart. Nach dieser Prüfung, die oft stundenlang dauerte, begannen die Besitzer der vermeintlichen harten Eier die anderen mit der Frage: »Wollen wir potschen?« herauszufordern. Irgendein Verwegener war dazu bereit, und dann wurde gepotscht, was auf folgende Weise vor sich ging: der Herausgeforderte hielt sein Ei in der Höhlung der linken Hand fest und zwar so, daß zwischen Daumen und Zeigefinger nur die Spitze hervorragte. Nun schlug der Partner mit der Spitze seines Eies darauf. Unfehlbar zerbrach stets die schwächere Spitze. Dann drehte der, der eben geschlagen hatte, sein Ei um, so daß nur der Boden des Eies sichtbar war, und der andere durfte nun seinerseits schlagen. Das auf beiden Seiten zerbrochene Ei gehörte dem Sieger. Wer »schief« schlug, war ein Betrüger und wurde wochenlang verachtet, wer aber, wie es einmal geschah, mit einem einzigen Ei rechtmäßig dreißig Eier gewann, wurde wochenlang bewundert, und noch im kommenden Jahr erinnerte man sich mit geheimem Schrecken seines Erfolges.

Es wurde bei diesem Eierpotschen zwar viel gelacht, aber auch recht viel geweint, so zum Beispiel, wenn ein armes Büblein, das nur ein einziges Ei besaß und doch fürs Leben gern auch einmal gepotscht hätte, sich wirklich mit irgendeinem gerissenen Spitzbuben einließ und dann schließlich sein schönes Ei zerbrochen vor sich sah, und es obendrein noch hergeben mußte. Dann rannen die Tränen in Strömen, und ein bitterliches Schluchzen drang durch den schönen Ostermorgen, aber das Ei wurde ihm beileibe nicht etwa geschenkt, denn Kinder sind grausam, und man tat sich sehr groß und sagte, das sei nur Gerechtigkeit, wer nicht verlieren wolle, solle eben nicht potschen.

Und nun möchte ich von einem solchen Osterfest aus meiner frühesten Kinderzeit berichten, denn von all den vielen, vielen Osterfesten, die ich je gefeiert habe, ist mir keines so treu in der Erinnerung geblieben wie jenes, das ich in meinem neunten Jahre beging und aus dessen wechselvollen Ereignissen ich mir für mein späteres Leben die beherzigenswertesten Lehren gezogen habe.

Am Sonnabend vor jenem Osterfeste ging ich mutterseelenallein in der Dämmerung durch die Wiesen hinter unserem Hause spazieren. Ich freute mich so grenzenlos auf den kommenden Tag, daß ich gar kein Verlangen nach Spielgefährten in mir spürte.

Seit langer Zeit hatte mich sonst stets um diese Stunde der Gedanke gequält, wie ich Geld verdienen könnte, um meiner Großmutter ein warmes Tuch zu kaufen, damit sie nicht so friere, wenn sie abends ums Haus herumging, um Fensterläden und Türen zu schließen.

An diesem Abend aber war zum ersten Male alles außer der großen Freude auf den Ostersonntag in mir verstummt. Warum aber sollte ich mich auch nicht freuen? Alle Bedingungen, die mir einen ungetrübten Ostergenuß versprachen, waren im höchsten Maße erfüllt.

Im Schranke hing ein funkelnagelneues Kleid, und was für eines! Damals als ich den armseligen, dunkelgrauen Stoff bei der Schneiderin gesehen hatte, war ich recht enttäuscht gewesen, heute aber, als ich den Schrank öffnete und mir das Kleidchen genau besah, wie war ich da entzückt gewesen! Gürtel, Manschetten und Kragen waren von lichtblauer, weicher Seide. Den grauen Stoff sah man überhaupt nicht. Der verschwand einfach unter der Pracht der Garnitur, und ich war darüber hoch beglückt.

Auf das Eierpotschen nun erst freute ich mich königlich, denn wir mußten in diesem Jahre ja schrecklich viel Eier haben, gackerten doch unsere Hühner den ganzen Tag, als wären sie extra zum Gackern angestellt, und zwar geschah dies in einem Tone, der stets vorangegangenes Eierlegen verkündete. Es war also sicher, daß die Großmutter mir mindestens ein Dutzend Ostereier färben würde, und was nun die Härte unserer Eier betraf, so fühlte ich mich todsicher, denn ich hatte seit Tagen den Hühnern den feinsten Sand vom Rheine heraufgeschleppt und hingestreut, weil ich einmal gehört hatte, daß jene Hühner die dickschaligsten Eier legten, die am meisten Sand zu fressen bekämen.

Zum Oesterlen war ich auch schon eingeladen, und zwar bei einer Tante, die gewöhnlich sehr stolz und hochmütig tat, zu der es mich aber immer gerade ihres Großtuns wegen mächtig hinzog. Auch wußte ich, daß die Großmutter sehr viele feine Sachen gebacken hatte. Ich würde also gewiß einen ordentlichen Korb voll davon zum Oesterlen mitbekommen und brauchte mich in keiner Weise vor den anderen Kindern zu schämen.

Mein Herz schlug bei all diesen Erwägungen laut vor Freude, und da mir zu Mute war, als ob ich vor Lust aus der Haut fahren möchte, warf ich mich in meinem selbstgeschaffenen Freudentaumel der Länge nach auf den Boden, ließ mich eine hohe Halde hinunterrollen, immer wilder, immer tiefer, bis ich plötzlich in einer Grube voll Schnee, den der Winter noch zurückgelassen hatte, in unliebsamer Weise steckenblieb. Ganz erschrocken sprang ich auf, wischte mir den Schnee vom Gesicht und aus den Kleidern und ging nun doch etwas abgekühlt nach Hause, aber schließlich stieg die Freude wieder hoch, und ich schwelgte noch lange in den kühnsten Vorstellungen über die Genüsse des kommenden Ostersonntags.

Am anderen Morgen, als ich fertig angezogen war, besah ich mich vorerst in dem großen Spiegel, der in unserer Schlafstube hing. Ich machte vor dem Glase die gefährlichsten Verrenkungen, besah mich von vorn und von hinten und fand mein Kleid märchenhaft schön.

Dann trat ich voll froher Erwartung in die Stube. Ich hoffte, einen schneeweißen Teller mit vielen bunten Ostereiern auf dem großen Eßtische zu finden, aber … aber … auf dem Tische war nichts, gar nichts als das Frühstück. Meine Blicke wanderten suchend umher. Nirgends die erhofften Eier, nicht auf der Kommode, nicht auf dem Ofen, nicht unter dem Sofa – nirgends – nicht die Spur, nicht einmal Eierschalen. Langsam ging ich an den Tisch, setzte mich hin und dachte nach. Ich war sicher, daß die Großmutter sie nun aus der Küche bringen würde. Die Türe ging auf. Die Großmutter kam herein – aber sie brachte keine Eier. Sie setzte sich neben mich, schenkte mir ein und tat überhaupt so, als ob es nicht anders als jeden Tag, als ob gar nicht Ostern wäre. Ich wollte essen, aber ich konnte nicht, und schließlich preßte ich aus tiefster Brust mühsam die Frage hervor: »Hast du denn gar keine Ostereier?« Die Großmutter sah erstaunt nach mir hin, dann sagte sie: »Doch … vorläufig eines. Du mußt nur noch einen Augenblick warten, dann ist es fertig.«

Ich sagte nichts und wartete mit sehr bedrücktem Herzen. Nach einer Weile öffnete sie die große, braune Kaffeekanne und holte mit einem Löffel ein Ei heraus. Es war ganz merkwürdig verbunden und umwickelt. Sie schnitt mit dem Messer Fäden auf, zog lange Bänder und Blättchen herunter, trocknete das Ei, rieb es mit einer Speckschwarte ein und legte es vor mich hin. Es war ein im Kaffee gebräuntes, ziemlich großes Ei mit weißen Bäumchen und Streifen darauf.

Ich besah mir das Ei lange ... zu lange ... so lange, bis ich es vor Tränen überhaupt nicht mehr sah. Das war doch gar kein Osterei ... und warum nur eines? »O ... Großmutter ...« schluchzte ich, »hast du nur dieses eine ...? Wo sind denn die anderen alle ...?« Da erklärte sie, daß man gestern abend von der Bäckerei noch dringend um alle Eier gebeten habe, daß die Hühner aber bis am Nachmittage gewiß noch welche legen würden, die sie mir dann färben wolle. Weiter verlor sie aber auch kein Wort mehr darüber, sondern überließ mich ohne Trost meiner grenzenlosen Enttäuschung.

Die jubelnde Freude in meinem Herzen hatte also einen ordentlichen Dämpfer erhalten. Tief betrübt stand ich auf, ließ das Ei liegen, wo es lag, und trat ans Fenster. Auf der Straße standen schon viele Kinder, alle feiertäglich geputzt, und ich sah, daß das »Potschen« bereits im schönsten Gange war. Mich zog es mächtig hinunter. Was sollte ich tun?

Langsam trat ich wieder an den Tisch, langsam nahm ich das Ei, das ich geradezu verabscheute, betrachtete es mit bösen Augen, ging aber schließlich doch mit ihm die Treppe hinunter und auf die Straße.

Als die Kinder mich sahen, stürzten sie mir alle entgegen, denn sie glaubten mich im Besitze von vielen Eiern, hatten wir doch den größten Hühnerhof im Dorfe. Als sie mein braunes Ei sahen, wurden sie merkwürdig still. Dann fragten sie sichtlich enttäuscht: »Hast du denn nur dieses eine?«

Ich nahm mich sehr zusammen und antwortete mit gemachter Gleichgültigkeit: »Hier habe ich nur dieses.« Das »hier« betonte ich besonders stark, so daß die Kinder vermuten konnten, daß ich im Hause dafür noch verschiedene Dutzende besaß. Nun wurde mein Ei geprüft. Es gab einen fast baßartigen Ton, hohl und dumpf wie ein leeres Faß. Jeder war von der Minderwertigkeit dieses Eies überzeugt, und beinahe alle waren gleich bereit, mit mir zu potschen. Nur ein kleiner Frechdachs, der mir kaum bis zur Schulter reichte, sagte: »Nein, mit einem solchen wüsten Ei potsche ich einmal nicht.« Wie gestochen wandte ich mich ihm zu und antwortete ärgerlich: »Habe ich dich vielleicht gefragt, ob du mit mir potschen willst?« Da verkroch er sich schleunigst hinter einem großen Jungen, aber recht hatte er doch, tausendmal. Mein Ei war wirklich wüst.

Mir war es auch vollständig gleichgültig, ob ich dieses Ei verlieren würde oder nicht, und ich potschte deshalb mit dem ersten Besten und – – gewann. Gleich wollten andere es mit mir versuchen ... ich potschte mit allen, und ich gewann alle ... zehn Eier hintereinander.

Ich wußte nicht, wie mir geschah. Mein häßliches, braunes Ei besaß ja Wunderkräfte. Was schadete es, daß es gar nicht wie ein richtiges Osterei aussah. Die Hauptsache war, daß es eine so unglaublich harte Schale hatte. Das Ei, das ich noch vor einer halben Stunde am liebsten zerschmettert hätte, machte mich plötzlich ganz froh, schwellte meine Brust, ließ mich kühnen Blickes durch die Straße ziehen, einen Troß von Kindern hinterher, die mich alle bewunderten und bestaunten.

Als wir auf dem oberen Dorfplatze anlangten, gesellte sich der Schrattentaler zu uns. Das war ein alter Trunkenbold, der im Armenhause wohnte, nebenbei aber immer ein paar Rappen besaß, um Schnaps zu kaufen. Heute stand sein Gelüsten nach Ostereiern. Nun war es so Sitte, daß jedes zerbrochene Ei für fünf Rappen verkauft wurde, während ganze Eier fünfzehn Rappen kosteten.

Als der Schrattentaler sah, daß ich gar nicht mehr wußte, wohin mit all den gewonnenen Eiern, fragte er, ob ich sie ihm verkaufen wolle. Einen Augenblick starrte ich ihn ganz erschrocken an. Ich mußte es mir erst klar machen, daß ich da Geld verdienen konnte.

Das wollene Tuch für die Großmutter fiel mir ein ... »O ...«, rief ich lachend und glücklich zugleich, »gewiß, so viel Ihr wollt!« Er gab mir einen halben Franken und nahm mir dafür die zehn gewonnenen Eier ab.

Sorgfältig band ich das Geld in den Zipfel meines Taschentuches, steckte es in die Tasche und beschloß, auf weitere Siege auszugehen. Die Kinder folgten mir schweigend, ich merkte in meinem Triumph nicht, daß sie mir alle plötzlich bitterböse waren und mich grenzenlos beneideten.

So kamen wir auf den Rathausplatz. Da waren ein paar Knaben aus den oberen Klassen, die gleich mit uns zu »potschen« begannen. Glück und Unglück wollten es, daß ich sechs weitere Eier gewann. Das war aber nun doch zu viel für die Kinder des Oberdorfes. Ein Murren und Schimpfen begann, man stieß mich unsanft bald hierhin, bald dorthin, versuchte, mir die Eier aus der Hand zu schlagen, ja, man bedrängte mich derart, daß ich, da ich mir nicht mehr zu helfen wußte, plötzlich wie ein Wirbelsturm davonjagte, hinter den Ställen verschwand, bis ich schließlich im unteren Dorfe landete.

Sofort begann ich dort die Kinder, die ja noch keine Ahnung von meinen Erfolgen hatten, herauszufordern. Wieder gewann ich sechs Eier. Plötzlich tauchte auch der Schrattentaler vor mir auf und kaufte mir acht Eier ab. So besaß ich also noch vier Gewonnene, mein eigenes und neunzig Rappen.

Ich war eben im Begriff, die vierzig Rappen zu dem halben Franken ins Taschentuch zu knüpfen, als plötzlich mit wildem Geschrei die ganze Rotte von Kindern aus dem Oberdorfe heranstürzte. Als sie hörten, daß ich wieder gewonnen und auch verkauft hatte, schrien sie wie wild gewordene Indianer: »Sie ist eine Betrügerin! Nehmt ihr das Geld weg! Zerschlagt ihr das Ei! Es ist ein Stein! Ein Kalkei! Sie schwindelt und stiehlt! Haut ihr eine runter!«

Ich verstand nicht mehr alle die Verbrechen, deren man mich beschuldigte, sondern lehnte an einer Mauer und fürchtete mich zu Tode. Einige gaben mir Fußtritte, ich gab sie in meiner Not in gleicher Weise zurück. Auf einmal packte mich ein großer Knabe mit eisernem Griff an beiden Handgelenken, preßte mich so entsetzlich, daß ich vor Schmerzen das Ei zu Boden fallen ließ. Ein anderer hob es auf und schleuderte es mit solcher Wucht gegen die Mauer, daß die Hälfte seines Inhaltes daran kleben blieb, während die Schale nun zerbrochen auf der Erde lag und stumm, aber deutlich genug meine Unschuld bewies.

Einige wollten lachen. Es gelang ihnen nicht, denn die beiden Knaben, die mich so roh behandelt hatten, erhielten plötzlich wie von unsichtbarer Hand eine so kräftige Ohrfeige, daß sie zur Seite taumelten. Die Kinder wurden totenstill. Der Lehrer stand unter ihnen. Was er mit ihnen sprach, habe ich nie erfahren, denn in dem Augenblicke, als ich mich befreit sah, nahm ich Reißaus und jagte nach Hause.

Meine Großmutter, die eben aus der Kirche kam, nahm die Sache weniger tragisch. Nur als ich ihr unter Schluchzen und Schlucksen die neunzig Rappen gab, fragte sie ein wenig verwundert: »Warum in aller Welt hast du denn die Eier verkauft? Du brauchst doch gar kein Geld?« Da sah ich sie mit grenzenlosem Staunen über ihre Unwissenheit an und sagte: »Aber ... ich wollte dir doch ein wollenes Tuch kaufen, damit du abends nicht so furchtbar frierst.« Da wurde sie still. Nur meine Hand hielt sie lange fest, und ihre Augen wurden feucht.

Wie das aber bei Kindern so ist, Leid und Freud kommen und gehen schneller als Tag und Nacht. Am Nachmittage hatte ich den aufregenden Vormittag schon halb vergessen und freute mich nun mächtig auf das »Oesterlen«.

Um drei Uhr sollten wir Kinder im Hause meiner Tante erscheinen, ich aber saß schon um zwei Uhr mit einem vollen Korbe auf der Bank vor unserem Garten. Ich wollte mich in Gedanken noch so recht auf das Fest vorbereiten und freuen. Da sah ich auf einmal meine Kusine, die Tochter der Tante, daherkommen.

Blitzartig fuhr es mir durch den Sinn, daß ich ihr Gesicht am Vormittage auch unter der Horde der mich verfolgenden Kinder gesehen hatte, aber ich dachte mir nichts besonderes dabei, sondern glaubte, sie wolle mich zum »Oesterlen« abholen. Sie aber begann schon von weitem in bösem, zänkischem Tone: »Ich will dir nur sagen, daß du heute Nachmittag nicht zu uns kommen darfst. Nach dem Skandal von heute morgen wollen wir dich gar nicht bei uns im Hause sehen. Meine Mutter sagt, sie schäme sich auch, weil du die Eier dem Schrattentaler verkauft hast. Daß du's nur weißt, einem armen Manne schenkt man etwas, aber man nimmt ihm nicht das Wenige, was er hat, noch weg. Die Mutter sagt auch, du seiest habgierig, und wer habgierig ist, der ist gemein – so nun weißt du's.«

Da flehte ich in namenlosem Schmerz: »Aber ... Lene ... was habe ich dir denn getan? ... Darf ich ... denn nicht ... zu euch kommen?« Sie aber schrie: »Hast du mich nicht verstanden? Wir wollen dich eben nicht«, und lief davon, aber über den Gartenzaun beugte sich jetzt die Großmutter. Sie hatte alles gehört und rief mich in den Garten. Wir setzten uns zusammen in die kleine Laube, und die Großmutter wartete geduldig, bis ich mich erst ordentlich ausgeweint hatte.

Dann begann sie: »So, nun wollen wir einmal ruhig miteinander sprechen. Was die Lene dir da vorhin gesagt hat, war häßlich, und Kinder, die sich häßlich betragen, besucht man nicht. Auch mußt du nicht denken, daß es heute nur im Hause der Lene schön hergeht. Es gibt doch noch so viele Kinder im Dorfe, die auch nicht bei der Lene eingeladen sind und sich doch freuen und vergnügen. Es gibt auch arme Kinder, die heute überhaupt keine Ostern haben. Vielleicht könntest du gar mit einem solchen Kinde österlen. Kennst du nicht vielleicht ein Mädchen, das sich sehr freuen würde, wenn du es heute besuchtest?«

Schon war ich von meinem Kummer ein wenig abgelenkt und sagte ohne langes Besinnen: »Doch ... die Anna Münzer.« Da lächelte die Großmutter: »Siehst du, an die habe ich auch gedacht. Ihre Mutter ist eine so brave Frau und hat es, seit ihr Mann gestorben ist, so schwer mit ihren Kindern. Ich glaube, die feiern heute kein fröhliches Fest. Darum denke ich, du nimmst den Korb so voller Kuchen, als du nur tragen kannst, und deine neunzig Rappen, denen ich noch etwas zulege, und bringst alles der Frau Münzer, und dann ›österlet‹ ihr fein miteinander.«

Ich war gleich begeistert für diesen neuen Plan, denn die Anna war mir im Grunde des Herzens tausendmal lieber als die Lene. Ich hatte nur noch ein Bedenken: »Ja … aber … sieh mal, Großmutter, womit kaufst du denn nun das wollene Tuch, wenn wir jetzt alles Geld hergeben?« Da sagte sie: »Komm!«, ging mit mir hinauf in die Stube, zog von der Kommode eine Schublade heraus und zeigte mir einen neuen, dicken Winterschal.

»Du kannst ganz ruhig sein«, sagte sie, »den habe ich mir gestern gekauft und werde nun gewiß nicht frieren.«

Da nahm ich getröstet den großen Korb voll Osterkuchen unter den Arm, zwei Franken in die Hand und ging zur Anna Münzer. Als ich am Hause meiner Tante vorbeikam, hörte ich das Schwatzen und Lachen der feiernden Kinder, das durch die geöffneten Fenster auf die Straße drang. Irgendwo tat mir etwas einen Augenblick lang weh, dann aber begann ich zu laufen und stand bald vor Annas Haus.

Es lag in einer Seitengasse, war ein drei Stock hohes Gebäude mit einer endlos langen Holztreppe an der Seite. Ich stieg hinauf und zählte zweiundvierzig Stufen. Dann stand ich vor der wurmstichigen, rauchgeschwärzten Türe und klopfte. Von drinnen riefen gleich ein paar Stimmen zusammen: »Herein.« Ich stieß die Türe auf und trat in ein zwar recht armseliges, aber sauber aufgeräumtes Gemach, das als Stube und Küche diente. Frau Münzer und ihre drei Mädchen saßen am Tisch, vor sich eine Tasse schwarzen Kaffee und ein Stück Brot.

Sie standen alle auf und begrüßten mich wie einen vornehmen Gast, was mir sehr schmeichelte, da ich derartiges noch nie erlebt hatte. Ich fragte gleich: »Darf ich vielleicht mit euch ›österlen‹?« »O«, sagte Frau Münzer mit ganz traurigem Gesicht, »du unschuldiges Kind, wir haben reineweg nichts als schwarzen Kaffee und Brot.«

»Aber ich«, sagte ich lachend, »ich habe genug für uns alle. Hier …«, ich stellte den schweren Korb auf den Tisch, drehte ihn um, und ein Haufen herrlicher Osterkuchen türmte sich vor den erstaunten Blicken der vier armen Menschen. »Und hier«, ich gab der Frau Münzer die zwei Franken, »die schickt die Großmutter, um Milch zu kaufen, damit wir Kaffee trinken wie die anderen.«

Nun brach ein namenloser Jubel in der kleinen Küche aus. Frau Münzer goß den Kaffee wieder in die Pfanne, um ihn nochmals zu kochen. Ich schürte das Feuer, die Anna rannte mit einer Kanne und einem Körbchen davon, um Milch und Zucker zu kaufen, und die Kleinen betippten verlangend mit ihren Fingerchen den Kuchen und machten dazu große, hungrige Augen.

Nach etwa einer halben Stunde saßen wir alle fröhlich um den kleinen Tisch, schwatzten und aßen und unterhielten uns köstlich. Als wir fertig waren, räumten wir gemeinsam ab und spielten Mühle. Die Felder zeichneten wir mit Kreide auf den Tisch, und die Züge machten wir mit weißen und schwarzen Bohnen. Als endlich die Dämmerung hereinbrach, setzten wir uns alle auf eine Bank und lehnten uns an den warmen Herd. Durch das kleine Fenster leuchtete ein Stück vom glutroten Abendhimmel wie ein Grüßen vom lieben Gott zu uns herein. Die Anna legte ihren Arm auf meine Schulter, und nun begannen wir Lieder zu singen.

Das klang so lieblich, und ich war so froh, daß ich es war, die eine so große Freude in die armselige Stube getragen hatte, und die vier Menschen waren so herzlich zu mir, daß ich mich gar nicht von ihnen trennen konnte. Erst als die Abendglocken erklangen, sagte Frau Münzer, daß ich nun doch nach Hause müsse, weil die Großmutter sich sonst ängstige.

Der Abschied dauerte ziemlich lange, denn die arme Familie fand des Dankens kein Ende. Ich selbst fühlte mich wunderbar gehoben, ich hatte bis dahin noch gar nicht gewußt, wie schön es war, wenn man andern Menschen eine Freude bereiten konnte.

Beim flackernden Scheine einer kleinen Oellampe stieg ich endlich die zweiundvierzig Stufen hinunter und ging nach Hause, und mir wieder war nicht anders, als ob ich in der Kirche gewesen wäre.

Die Großmutter wartete schon mit dem Abendbrot. Als ich am Tische saß, fragte sie: »Nun, wie war es denn?« Da sagte ich tiefatmend: »Ach, so schön wie noch nie in meinem ganzen Leben«, und ich erzählte ihr, wie wir zusammen gefeiert hatten, und beteuerte immer wieder, daß dieses das aller-, allerschönste Osterfest gewesen sei.

Ostermontag

Osterspaziergang

FAUST

Vom Eise befreit sind Strom und Bäche
Durch des Frühlings holden, belebenden Blick;
Im Tale grünet Hoffnungs-Glück;
Der alte Winter in seiner Schwäche
Zog sich in rauhe Berge zurück.
Von dorther sendet er fliehend nur
Ohnmächtige Schauer körnigen Eises
In Streifen über die grünende Flur;
Aber die Sonne duldet kein Weißes,
Überall regt sich Bildung und Streben,
Alles will sie mit Farben beleben;
Doch an Blumen fehlt's im Revier,
Sie nimmt geputzte Menschen dafür.
Kehre dich um, von diesen Höhen
Nach der Stadt zurück zu sehen.
Aus dem hohlen, finstern Tor
Dringt ein buntes Gewimmel hervor.
Jeder sonnt sich heute so gern.
Sie feiern die Auferstehung des Herrn;
Denn sie sind selber auferstanden:
Aus niedriger Häuser dumpfen Gemächern,
Aus Handwerks- und Gewerbes-Banden,

Aus dem Druck von Giebeln und Dächern,
Aus der Straßen quetschender Enge,
Aus der Kirchen ehrwürdiger Nacht
Sind sie alle ans Licht gebracht.
Sieh nur, sieh! wie behend sich die Menge
Durch die Gärten und Felder zerschlägt,
Wie der Fluss in Breit und Länge
So manchen lustigen Nachen bewegt;
Und bis zum Sinken überladen,
Entfernt sich dieser letzte Kahn.
Selbst von des Berges fernen Pfaden
Blinken uns farbige Kleider an.
Ich höre schon des Dorfs Getümmel;
Hier ist des Volkes wahrer Himmel,
Zufrieden jauchzet Groß und Klein:
Hier bin ich Mensch, hier darf ich's sein.

WAGNER

Mit Euch, Herr Doktor, zu spazieren,
Ist ehrenvoll und ist Gewinn;
Doch würd ich nicht allein mich her verlieren,
Weil ich ein Feind von allem Rohen bin.
Das Fiedeln, Schreien, Kegelschieben
Ist mir ein gar verhasster Klang;
Sie toben, wie vom bösen Geist getrieben,
Und nennen's Freude, nennen's Gesang.

Bauern unter der Linde.

Tanz und Gesang.

Der Schäfer putzte sich zum Tanz
Mit bunter Jacke, Band und Kranz:
Schmuck war er angezogen.

Schon um die Linde war es voll,
Und alles tanzte schon wie toll.
Juchhe! Juchhe!
Juchheisa! Heisa! He!
So ging der Fiedelbogen.

Er drückte hastig sich heran,
Da stieß er an ein Mädchen an
Mit seinem Ellenbogen;
Die frische Dirne kehrt' sich um
Und sagte: Nun, das find ich dumm.
Juchhe! Juchhe!
Juchheisa! Heisa! He!
Seid nicht so ungezogen!

Doch hurtig in dem Kreise ging's,
Sie tanzten rechts, sie tanzten links,
Und alle Röcke flogen.
Sie wurden rot, sie wurden warm
Und ruhten atmend Arm in Arm.
Juchhe! Juchhe!
Juchheisa! Heisa! He!
Und Hüft an Ellenbogen.

Und tu mir doch nicht so vertraut!
Wie mancher hat nicht seine Braut
Belogen und betrogen!
Er schmeichelte sie doch beiseit,
Und von der Linde scholl es weit:
Juchhe! Juchhe!
Juchheisa! Heisa! He!
Geschrei und Fiedelbogen.

ALTER BAUER

Herr Doktor, das ist schön von Euch,
Dass Ihr uns heute nicht verschmäht
Und unter dieses Volksgedräng
Als ein so Hochgelahrter geht.
So nehmet auch den schönsten Krug,
Den wir mit frischem Trunk gefüllt.
Ich bring ihn zu und wünsche laut,
Dass er nicht nur den Durst Euch stillt;
Die Zahl der Tropfen, die er hegt,
Sei Euren Tagen zugelegt.

FAUST

Ich nehme den Erquickungstrank,
Erwidr' euch allen Heil und Dank.
Das Volk sammelt sich im Kreis umher.

ALTER BAUER

Fürwahr! es ist sehr wohlgetan,
Dass Ihr am frohen Tag erscheint;
Habt Ihr es vormals doch mit uns
An bösen Tagen gut gemeint!
Gar mancher steht lebendig hier,
Den Euer Vater noch zuletzt
Der heißen Fieberwut entriss,
Als er der Seuche Ziel gesetzt.
Auch damals Ihr, ein junger Mann,
Ihr gingt in jedes Krankenhaus;
Gar manche Leiche trug man fort,
Ihr aber kamt gesund heraus,
Bestandet manche harte Proben;
Dem Helfer half der Helfer droben.

ALLE

Gesundheit dem bewährten Mann,
Dass er noch lange helfen kann!

FAUST

Vor jenem droben steht gebückt,
Der helfen lehrt und Hilfe schickt.

Er geht mit Wagnern weiter.

WAGNER

Welch ein Gefühl musst du, o großer Mann,
Bei der Verehrung dieser Menge haben!
O glücklich, wer von seinen Gaben
Solch einen Vorteil ziehen kann!
Der Vater zeigt dich seinem Knaben,
Ein jeder fragt und drängt und eilt,
Die Fiedel stockt, der Tänzer weilt.
Du gehst, in Reihen stehen sie,
Die Mützen fliegen in die Höh,
Und wenig fehlt, so beugten sich die Knie,
Als käm das Venerabile.

FAUST

Nur wenig Schritte noch hinauf zu jenem Stein!
Hier wollen wir von unsrer Wandrung rasten.
Hier saß ich oft gedankenvoll allein
Und quälte mich mit Beten und mit Fasten.
An Hoffnung reich, im Glauben fest,
Mit Tränen, Seufzen, Händeringen
Dacht ich das Ende jener Pest
Vom Herrn des Himmels zu erzwingen.
Der Menge Beifall tönt mir nun wie Hohn.
O könntest du in meinem Innern lesen,

Wie wenig Vater und Sohn
Solch eines Ruhmes wert gewesen!
Mein Vater war ein dunkler Ehrenmann,
Der über die Natur und ihre heilgen Kreise
In Redlichkeit, jedoch auf seine Weise,
Mit grillenhafter Mühe sann;
Der in Gesellschaft von Adepten
Sich in die schwarze Küche schloss
Und nach unendlichen Rezepten
Das Widrige zusammengoss.
Da ward ein roter Leu, ein kühner Freier,
Im lauen Bad der Lilie vermählt
Und beide dann mit offnem Flammenfeuer
Aus einem Brautgemach ins andere gequält.
Erschien darauf mit bunten Farben
Die junge Königin im Glas,
Hier war die Arzenei, die Patienten starben,
Und niemand fragte: wer genas?
So haben wir mit höllischen Latwergen
In diesen Tälern, diesen Bergen
Weit schlimmer als die Pest getobt.
Ich habe selbst den Gift an Tausende gegeben,
Sie welkten hin, ich muss erleben,
Dass man die frechen Mörder lobt.

WAGNER

Wie könnt Ihr Euch darum betrüben!
Tut nicht ein braver Mann genug,
Die Kunst, die man ihm übertrug,
Gewissenhaft und pünktlich auszuüben?
Wenn du, als Jüngling, deinen Vater ehrst,

So wirst du gern von ihm empfangen;
Wenn du, als Mann, die Wissenschaft vermehrst,
So kann dein Sohn zu höhrem Ziel gelangen.

FAUST

O glücklich, wer noch hoffen kann,
Aus diesem Meer des Irrtums aufzutauchen!
Was man nicht weiß, das eben brauchte man,
Und was man weiß, kann man nicht brauchen.
Doch lass uns dieser Stunde schönes Gut
Durch solchen Trübsinn nicht verkümmern!
Betrachte, wie in Abendsonne-Glut
Die grünumgebnen Hütten schimmern.
Sie rückt und weicht, der Tag ist überlebt,
Dort eilt sie hin und fördert neues Leben.
O dass kein Flügel mich vom Boden hebt,
Ihr nach und immer nach zu streben!
Ich säh im ewigen Abendstrahl
Die stille Welt zu meinen Füßen,
Entzündet alle Höhn, beruhigt jedes Tal,
Den Silberbach in goldne Ströme fließen.
Nicht hemmte dann den göttergleichen Lauf
Der wilde Berg mit allen seinen Schluchten;
Schon tut das Meer sich mit erwärmten Buchten
Vor den erstaunten Augen auf.
Doch scheint die Göttin endlich wegzusinken;
Allein der neue Trieb erwacht,
Ich eile fort, ihr ewges Licht zu trinken,
Vor mir den Tag und hinter mir die Nacht,
Den Himmel über mir und unter mir die Wellen.
Ein schöner Traum, indessen sie entweicht.

Ach! zu des Geistes Flügeln wird so leicht
Kein körperlicher Flügel sich gesellen.
Doch ist es jedem eingeboren,
Dass sein Gefühl hinauf und vorwärts dringt,
Wenn über uns, im blauen Raum verloren,
Ihr schmetternd Lied die Lerche singt,
Wenn über schroffen Fichtenhöhen
Der Adler ausgebreitet schwebt,
Und über Flächen, über Seen
Der Kranich nach der Heimat strebt.

WAGNER

Ich hatte selbst oft grillenhafte Stunden,
Doch solchen Trieb hab ich noch nie empfunden.
Man sieht sich leicht an Wald und Feldern satt,
Des Vogels Fittich werd ich nie beneiden.
Wie anders tragen uns die Geistesfreuden
Von Buch zu Buch, von Blatt zu Blatt!
Da werden Winternächte hold und schön,
Ein selig Leben wärmet alle Glieder,
Und, ach! entrollst du gar ein würdig Pergamen,
So steigt der ganze Himmel zu dir nieder.

FAUST

Du bist dir nur des *einen* Triebs bewusst,
O lerne nie den andern kennen!
Zwei Seelen wohnen, ach! in meiner Brust,
Die eine will sich von der andern trennen;
Die eine hält, in derber Liebeslust
Sich an die Welt mit klammernden Organen;
Die andre hebt gewaltsam sich vom Dust
Zu den Gefilden hoher Ahnen.

O gibt es Geister in der Luft,
Die zwischen Erd und Himmel herrschend weben,
So steiget nieder aus dem goldnen Duft
Und führt mich weg zu neuem, buntem Leben!
Ja, wäre nur ein Zaubermantel mein,
Und trüg er mich in fremde Länder,
Mir sollt er um die köstlichsten Gewänder,
Nicht feil um einen Königsmantel sein.

INGRID NOLL
Meister Lampe

K reuz oder betende Hände?«, fragte sie, als ich ihr den Text für die Todesanzeige diktierte.

Mein Onkel war ein bekennender Atheist gewesen, ich schüttelte den Kopf.

»Vielleicht eine Rose?«, schlug sie vor.

»Nur ein schmaler schwarzer Rand«, sagte ich und ging.

Aber schon nach wenigen Schritten kehrte ich wieder um. Dürers betende Hände hatten mich auf eine Idee gebracht. Hatte sich Onkel Theo nicht stets für die Erhaltung der heimischen Flora und Fauna stark gemacht?

»Haben Sie sich doch noch anders entschieden?«, fragte mich die Angestellte der Annoncenabteilung.

»Ich will einen Hasen!«, sagte ich.

Sie grinste etwas anzüglich. »Ein Bunny? War der Herr etwa ein Playboy?«

»Um Gottes willen, nein! Das pure Gegenteil! Ich möchte auch nicht irgend so ein Comic-Karnickel, sondern den Feldhasen von Dürer.«

Mit leicht belustigter Miene klickte sie auf ihrem Computer herum.

»Haben wir nicht im Programm!«, sagte sie.

»Vielleicht schauen Sie mal unter Ostern?«, riet ich.

Bisher hatte ich meinen Onkel für einen Kauz gehalten. Doch durch meinen ungewöhnlichen Text kamen ganz neue Seiten ans Licht, wenn auch die Formulierung vergleichsweise karg ausgefallen war:

Wir trauern um unseren Onkel
Theodor Lamprecht

Matthias Baumann
Ulrike Baumann

Die Beerdigung fand am 1.2.2008
im engsten Familienkreis statt.

Der engste Familienkreis hatte nur aus mir bestanden. Meine Schwester Ulrike fand, für sie als alleinerziehende Mutter zweier Kleinkinder sei eine stundenlange Zugfahrt nicht zumutbar.

»Außerdem mochte ich ihn nicht«, sagte sie.

Der Grund war mir seit Jahren bekannt: Als wir noch Kinder waren und Onkel Theo uns gelegentlich besuchte, hatte er stets ein Küsschen verlangt.

»Dahin!«, pflegte er zu sagen und tippte mit dem Zeigefinger auf seine stoppelige Wange. Ich fand es kleinlich, ihm das noch posthum zu verübeln. Also stand ich allein an Theos Urnengrab, aus begreiflichen Gründen hatte ich keinen Pfarrer bemüht. Und Blumen waren ebenfalls nicht angebracht, weil der Verstorbene sie nicht gepflückt sehen wollte. Es war eine kurze, triste Angelegenheit, doch ich wurde durch zahlreiche Kondolenzbriefe wieder versöhnt.

Das ausführlichste Schreiben kam vom Badischen Bund der Agnostiker und Konfessionslosen. Man würdigte vor allem, dass Theodor Lamprecht jede monotheistische Religion abgelehnt habe. Stets habe er die Freud'sche Theorie vertreten, dass Gott bloß der Wunschtraum erwachsener Menschen für einen lebenslangen Eltern-Ersatz sei. Doch erst durch das Symbol auf der Todesanzeige sei man darauf gekommen, dass Theo möglicherweise im chinesischen Jahr des Hasen geboren sei; ob ich damit habe andeuten wollen, dass er am Ende seines Lebens dem Buddhismus nahegestanden und an seine Wiedergeburt geglaubt hätte?

Auch die Tierschützer hatten Grund für ein ehrenvolles Gedenken, denn Theo hatte dem Ortsverein einen vierstelligen Betrag vermacht. Zum Teil wollte man das Geld für eine beheizte Unterbringung der Zwergkaninchen verwenden, die nach Feiertagen massenweise abgegeben wurden. Ich dürfe mir jederzeit ein junges Häschen für meine Kinder ins Haus holen.

Ich habe keine Kinder und hätte diese Summe viel lieber für meine eigene Unterbringung verwendet. Das mir zugedachte Erbe sowie eine misanthropische Katze trugen dagegen zu schlaflosen Nächten bei.

Selbst zwei ehemalige Schüler meldeten sich. Onkel Theo hatte Biologie und Erdkunde unterrichtet, vielleicht nicht ganz nach Lehrplan, aber mit unterhaltsamen Exkursionen und Experimenten. *Einmal durften wir unsere Haustiere mitbringen*, schrieb ein dankbarer junger Mann, *das war vielleicht ein Lärmen und Toben! Schließlich stürzte der erboste Direktor herein und schickte uns mitsamt Hunden, Katzen, Hasen, Meerschweinchen, Schildkröten und Wel-*

lensittichen nach Hause. Es war die schönste Schulstunde meines Lebens.

Eine junge Frau hatte meinen Onkel so sehr bewundert, dass sie Biologie studierte und inzwischen in einem Zoo arbeitete. *Nie werde ich vergessen, wie Herr Lamprecht eine volle Stunde den Hasen widmete. Wir waren erst in der 6. Klasse und ließen uns noch gern das Märchen von Hase und Igel vorlesen. Ihr Onkel erklärte uns, dass Hasen ein sehr schwaches Herz haben und bei Aufregung – zum Beispiel bei einer Hetzjagd oder einem Wettrennen – einen Infarkt erleiden können. Das sprichwörtliche Hasenherz sei also nicht aus der Luft gegriffen, sondern habe einen realen Hintergrund. Es rührt mich sehr, dass ein Hase auf der Todesanzeige zu sehen ist!*

Unter der Flut von Beileidsschreiben war aber auch eines, das mir Rätsel aufgab. Eine Dame war in jungen Jahren – ebenso wie unser Onkel – Mitglied eines neu gegründeten Wandervereins gewesen. Damals hatten sie gemeinsam die Ziele der monatlichen Fußmärsche ausgeheckt.

Der Hase weckt eine Fülle von Erinnerungen, schrieb Renate Mecklenburg. *Woher konnten Sie aber davon wissen, und was wollten Sie mit Ihrer Anspielung ausdrücken? Hat Ihr Onkel gelegentlich von mir gesprochen?*

Was war von diesen Zeilen zu halten? War mein unverheirateter, kinderloser Onkel vielleicht doch kein Hagestolz und Kostverächter gewesen, und hier meldete sich ein ehemaliges Betthäschen? Nach reiflichem Überlegen beschloss ich, Frau Mecklenburg zu besuchen. Vielleicht würde ich etwas Spannendes über meinen Onkel erfahren.

Bevor ich mich aber anmeldete, wollte ich mehr über die Dame wissen. Wohnte sie allein? War sie wohlhabend?

Auf der Fahrt zu ihrem Haus, das am Stadtrand lag, kam ich am Tierheim vorbei. Spontan hielt ich an und klingelte. Durch den hohen Zaun war das Gelände nicht einsehbar, aber das Gekläffe von unzähligen Hunden flößte mir Respekt ein. Über eine Gegensprechanlage wurde ich nach meinem Namen gefragt.

»Sicher wollen Sie ein Kaninchen abholen?«, fragte eine Dame mit honigsüßer Stimme, und schon öffnete sich summend das große Tor.

Die ehrenamtliche Vorsitzende des Vereins war eine ehemalige Kollegin meines Onkels. Ich klagte ihr, dass ich mit der ererbten Katze nicht klarkäme und ob man sie nicht im Tierheim einquartieren könne. Die Inkontinenz des steinalten Katers ließ ich unerwähnt.

»Wenn Sie Ihren Dachhasen gegen einen Stallhasen eintauschen, könnten wir einen Deal machen«, sagte die Tierfreundin. Ich versprach, bald wiederzukommen.

Renate Mecklenburg wohnte in einer Neubausiedlung aus den sechziger Jahren, nach dem Motto: *Klein aber mein.* Außer *R. Mecklenburg* stand kein weiterer Name auf dem Messingschild. Ein Vorgarten voller Schneeglöckchen, eine Birke, hinter dem Haus eine bemooste Rasenfläche. Hier würde sich ein Kaninchen durchaus wohl fühlen.

Am nächsten Tag versuchte ich, den fauchenden Kater in einen Transportkorb zu sperren, wobei er mir mehrere blutige Kratzer verpasste. Schließlich hatte ich ihn endlich und konnte ihn im Tierheim abliefern. Dort führte man mich an das neue heizbare Hasenhaus, und meine Wahl fiel auf das allerkleinste Langohr.

»Putzig, nicht wahr?«, meinte die Dame. »Sie haben einen guten Griff getan. Es ist zwar ganz jung, wird aber kaum noch wachsen.«

Mit dem Zwergkaninchen im Schuhkarton stand ich vor Renate Mecklenburgs Tür und war ziemlich aufgeregt. Ich hatte mich zwar angemeldet, aber am Telefon hatten wir kaum mehr als zwei Sätze gewechselt, und ich hatte keine Ahnung, was mich nun erwartete.

Sie war alt, klein und drahtig, burschikos gekleidet und ein bisschen fahrig. Ihre weißen Haare waren auffällig kurz geschnitten. Es roch nach Kaffee und Rosenkohl.

Als ich ihr das Tierchen überreichte, bedankte sie sich zwar, enthielt sich aber überschwenglicher Kommentare. Erst als wir im Wohnzimmer an einem gedeckten Kaffeetisch saßen, packte sie das Kaninchen mit geübtem Griff am Genick und hielt es hoch.

»An Ostern wird es genau das richtige Gewicht haben«, sagte sie, »am besten gelingt es mir mit Senfsauce.«

Ich verschluckte mich am Kaffee. Um auf ein anderes Thema zu kommen, fragte ich nach Onkel Theos Engagement im Wanderverein.

»Es war eine herrliche Zeit«, erzählte sie, »als aktive Mitglieder hatten mein Mann und ich viele Freunde im Klub. Waldemar war Vorsitzender, Ihr Onkel war Schriftführer, und ich war für die Wanderpläne verantwortlich. Über kurz oder lang erhielten Theo und ich die Spitznamen Hase und Igel.«

»Wieso?«, fragte ich.

»Ein Spaßvogel hatte den Namen Ihres Onkels ein wenig verknappt, und schließlich nannten ihn alle Meister Lampe. Ich wiederum hatte schon damals eine Kurzhaarfrisur, und mein Familienname Mecklenburg führte ebenfalls zu einer Abkürzung. Damals war der Igel Mecki das Redaktions-Maskottchen einer Illustrierten und somit ein feststehender Begriff für Jung und Alt.«

»Aber man hätte auch Ihren Mann Mecki nennen können …«, wandte ich ein.

Sie schüttelte den Kopf. »Waldemar hatte eine Glatze und war der Älteste im Verein. Er galt als Autorität und Respektsperson. Leider hatte er überhaupt keinen Sinn für Spaß.«

»War denn Onkel Theo ein fröhlicher Mensch?«, fragte ich skeptisch.

Sie kicherte. »Und ob! Kurz vor Ostern hatte ich die Idee, dass jedes Vereinsmitglied ein bemaltes Ei zur nächsten Wanderung mitbringen sollte. Theo hatte sich doch tatsächlich als Hase verkleidet und hüpfte mit einer Kiepe durch das Unterholz. Mit Kreide hatte er das Hinterteil seines braunen Overalls weiß gefärbt und einen Stummel-schwanz darübergeheftet. Wie bei einem richtigen Feldhasen blitzte es beim Hoppeln immer wieder auf.«

»Sehr lustig«, sagte ich gedehnt. Theo als verkleideten Osterhasen konnte ich mir überhaupt nicht vorstellen. Und dieses betagte Frauchen schon gar nicht als Igel Mecki.

»Wie alt waren Sie damals?«, fragte ich.

Sie zuckte nur mit den Schultern. »Bis auf Waldemar waren wir alle noch recht jung«, meinte sie dann und schaute mich nachdenklich an, »Theo studierte im vierten Semester.

Er war damals etwa in Ihrem Alter, wo man durchaus noch auf dumme Gedanken kommen kann ...«

»Haben Sie den Kuchen selbst gebacken?«, fragte ich etwas verlegen und trank einen Schluck aus der geblümten Tasse. Es ist mir immer peinlich, wenn alte Menschen mit ihren Jugendstreichen angeben.

»Theo aß meine Brombeertorte auch am liebsten, wenn sie sich ein wenig gesetzt hatte – wie diese hier«, sagte sie. »Damals haben wir Körbe voll Beeren und Pilze gesammelt, wir trieben uns viel im Wald herum. Ach, es war eine schöne Zeit! Heute findet man hier ja fast keine Pfifferlinge mehr.«

Früher war alles besser, dachte ich, das Lied kennen wir.

Renate Mecklenburg lächelte versonnen. »Eigentlich kann ich Ihnen auch gleich alles erzählen«, meinte sie, »Ihr Onkel lebt ja nicht mehr.«

»Haben Sie ihn geliebt?«, fragte ich.

»Wir haben uns geliebt«, korrigierte sie, »und über kurz oder lang pfiffen es die Spatzen von den Dächern.«

»Wie hat Ihr Mann reagiert?«

»Wahrscheinlich hielt er sich anfangs die Ohren zu, wenn anzügliche Bemerkungen fielen. Aber irgendwann brütete er einen perfiden Racheplan aus.«

Natürlich wurde ich neugierig. Besonders grausam war die Vergeltung offensichtlich nicht ausgefallen, sonst säße Renate nicht gesund und munter vor mir. Und auch Onkel Theo ist alt geworden.

»Schauen Sie mal«, sagte Mecki und schnippte mit dem Finger ans Fensterglas, »dort, wo jetzt die vielen Siedlungshäuser stehen, begann damals der Wald. Theo und ich trafen uns nie bei mir zu Hause oder gar bei ihm, denn in einer Kleinstadt wird man scharf beobachtet. Außerdem wußte jeder, dass ich jung und lustig und mein Mann viel älter und grantig war, diese Kombination führte ohnedies zu pikanten Mutmaßungen. Keine fünf Minuten von hier gab es einen Hochsitz, wo wir zweimal in der Woche einen vergnügten Nachmittag verbrachten. Ich nahm immer ein kleines Picknick mit, Theo eine Flasche Sekt.«

Sie machte eine Pause, zog ein hellblaues Herrentaschentuch heraus und putzte sich die Brille.

»Wie kommt die Lakritze auf den Teppich?«, fragte sie plötzlich, hob ein schwarzes Bröckchen auf und wollte es in den Mund stecken. Im letzten Moment konnte ich ihr noch klarmachen, dass es sich um eine Hinterlassenschaft des Zwerghasen handelte.

»Wie geht die Geschichte weiter?«, fragte ich, »wie sah der Plan Ihres Mannes aus?«

»Er arbeitete damals in Mannheim und kam erst gegen Abend nach Hause. Ich hatte vormittags eine Halbtagsstelle als Drogistin, und Theo genoss seine Semesterferien. Deswegen brauchten wir keine Angst zu haben, dass Waldemar uns auf die Schliche kam. Aber es gibt leider immer wieder gehässige Mitmenschen. Es war eine alte Jungfer aus der Nachbarschaft, die uns einmal händchenhaltend im Wald ertappte und es meinem Mann sofort gesteckt hat.«

»Das war gemein! Aber ich bin gespannt auf den Racheplan …«

»Geduld, junger Mann. Waldemar verhielt sich erst einmal unauffällig, aber eines Nachmittags nahm er sich frei, angeblich für einen Zahnarztbesuch. Ohne dass ich es bemerkte, kam er früher von der Arbeit zurück, versteckte sich im Garten und ließ die Haustür nicht aus den Augen. Als ich so gegen drei Uhr mit meinem Körbchen ins Freie trat, schlich er mir nach. Er beobachtete, wie ich zu Theo auf den Hochsitz kletterte, ja, er stand dann wohl direkt darunter und konnte hören, was wir an Liebesgeflüster so von uns gaben ...«

»Nun, das war sicherlich schlimm für ihn«, stellte ich mitleidig fest, denn der Hahnrei war eine lächerlichere Rolle als Hase und Igel.

»Wir konnten den Lauscher weder sehen noch hören, und ich ging nach zwei Stunden wohlgemut wieder nach Hause. Waldemar stellte sich erst zur gewohnten Zeit zum Abendessen ein. Aber ein paar Tage später, als ich gerade mit meinem Rotkäppchenkorb aus der Tür schlüpfen wollte, lauerte er mir auf und packte mich am Arm. Leugnen half gar nichts, er wusste genau, was ich vorhatte. Vor Schreck unfähig zur Gegenwehr, wurde ich in der Toilette eingesperrt. Dann verließ Waldemar seinerseits das Haus. Mein Geschrei konnte niemand hören, aus dem winzigen Fenster konnte ich nicht herauswinken und die Tür aufbrechen schon gar nicht. Es blieb mir nichts anderes übrig, als voller Angst abzuwarten, denn es war mir klar, dass sich Waldemar jetzt den ahnungslosen Theo vorknöpfen würde.«

Sie verstummte und holte eine Flasche aus der Glasvitrine.

»Sie trinken hoffentlich auch einen Schlehenschnaps?«, fragte sie, und ich nickte gottergeben.

»Theo ahnte natürlich nichts und wartete eine Weile geduldig. Als ich, die stets pünktlich zum Stelldichein kam, aber überhaupt nicht erschien, wurde er unruhig und stieg vom Hochsitz herunter. Unten angekommen, traf ihn rücklings ein so heftiger Schlag, dass er taumelte und umkippte. Waldemar hatte Handschellen mitgebracht, die er seinem Opfer blitzschnell anlegte. Dann stopfte er dem verdatterten und leicht betäubten Theo einen Knebel in den Mund und zurrte ihm die Füße mit einem Strick zusammen.

Mein Mann hatte alles bestens geplant und organisiert. Er rollte eine Schubkarre, die er im Gebüsch versteckt hatte, herbei und hievte den Wehrlosen auf die Ladefläche, Theos Beine hingen heraus und schleiften über den Waldboden.«

»Und dann?«, fragte ich. »Wohin hat er ihn transportiert?«

Mecki goss nur sich den zweiten Schlehenschnaps ein.

»Wir kannten uns in unserem Revier gut aus, auch Waldemar war schon des Öfteren über einen tiefen Graben gesprungen, der sich etwa zehn Minuten vom Hochsitz entfernt im Tannendickicht befand. Dorthin karrte er den armen Theo, kippte ihn aus und ließ ihn hinunterkullern. Aber das war noch nicht der Gipfel der Gemeinheit.«

»Nämlich?« Mein Gott, warum konnte sie nicht ein bisschen zügiger berichten?

»Waldemar pflanzte sich breitbeinig auf und sang das uralte Kinderlied *Häschen in der Grube, saß und schlief!* Dann ging er seelenruhig heim und schloss endlich die Toilettentür wieder auf.«

Inzwischen schien Renate Mecklenburg Gefallen an der eigenen Erzählung zu finden, die sie genüsslich ausschmückte. Die Schnapsflasche leerte sich dabei zusehends, den Osterbraten hatte sie auf den Schoß genommen und streichelte gedankenverloren über das seidige Fell.

An jenem verhängnisvollen Tag ließ ihr Mann sie nicht mehr aus den Augen und verhinderte, dass sie hinauslief, Hilfe holte und Theo suchen ging. Er gab auch keine Auskunft, was er mit seinem Nebenbuhler angestellt hatte, so dass sie bereits fest an einen Mord glaubte und auch um ihr eigenes Leben zitterte.

»Waldemar schien jedoch guter Laune zu sein, er sprach zwar nicht mit mir, pfiff aber fröhlich vor sich hin, sang sogar *Armes Häschen bist du krank, dass du nicht mehr hüpfen kannst …* Natürlich war mir klar, dass er Theo irgendetwas Schreckliches angetan hatte.«

Ungefragt lud sie mir noch ein großes Stück Brombeertorte auf den Teller. Draußen saß ein Rabe auf der noch winterlich kahlen Birke, krächzte zweimal mit heiserer Stimme und flog wieder davon.

»Neulich trieb sich der schwarze Galgenvogel in meinem Gärtchen herum und fraß meinen kleinen Piepmätzen das Streufutter weg«, sagte meine Gastgeberin vorwurfsvoll.

»Im Winter sind eben auch die Großen hungrig. – Aber wie konnte sich mein armer Onkel befreien?«, fragte ich und erfuhr, dass er ohne fremden Beistand wohl jämmerlich verhungert, verdurstet und erfroren wäre. Am nächsten Morgen entdeckte ein Waldarbeiter den hilflosen Theo und rettete ihm wahrscheinlich das Leben. Mein Onkel hatte zwar nur ein paar Beulen, Kratzer und Schrammen aufzuweisen, war aber trotz spätsommerlicher Temperaturen völlig unterkühlt und fieberte. Er wurde im Forsthaus mit heißem Tee versorgt. Auf Fragen der Polizei behauptete Theo, ein unbekannter Sadist habe ihn überfallen, beraubt und wie weiland den biblischen Josef in die Grube geworfen. Ob Waldemar am nächsten Tag seine Tat bereute, den gefesselten Theo befreien wollte und ihn nicht mehr vorfand, ist nie geklärt worden.

Ende der Geschichte? Und was wurde aus dem Liebespaar?

»Wir hatten beschlossen, uns vorläufig nicht mehr zu treffen«, sagte Mecki, »aber heimlich telefonierten wir täglich miteinander. Theo meldete sich beim Wanderklub ab, denn er hatte keine Lust, meinem Mann noch ein zweites Mal unter die Augen zu treten. Inzwischen war es Herbst und spürbar kühler geworden, wir hätten uns sowieso nicht mehr lange auf dem Hochsitz treffen können, aber wir litten beide sehr unter der abrupten Trennung.«

»Haben Sie sich mit Ihrem Mann wieder versöhnt?«, fragte ich.

Sie schüttelte den Kopf. »Im Gegenteil, Waldemar wurde mir täglich fremder und unsympathischer. Es ging eine unerhörte Kälte von ihm aus, denn er konnte mir meinen Fehltritt nicht verzeihen. Natürlich wäre Scheidung die Alternative gewesen, aber das war in unseren Kreisen nicht üblich, ihr seid heute viel mutiger.«

»Wann haben Sie Theo denn wieder getroffen?«, fragte ich, denn ich ahnte Schlimmes. Alte Frauen werden leicht unterschätzt. Diese stoppelhaarige Oma hatte eine Vergangenheit, die man ihr nicht zugetraut hätte, und einen bitteren Zug um den Mund, der offenbar nicht allein vom Schlehenschnaps kam.

Ich erfuhr, dass Theo zwar nie mehr an einer Wanderung teilgenommen hatte, doch die Ausflugsziele des Vereins im Programmteil der Zeitung genau studierte. Er wusste also, dass für den ersten Sonntag im Oktober eine Aktion *Früchte des Waldes* geplant war, wo Pilze, Hagebutten und Brombeeren gesammelt werden sollten.

Waldemar kannte sich gut mit Pilzen aus und wollte unerfahrene Neulinge beraten. Obwohl Renate lieber zu Hause geblieben wäre, musste sie mitkommen. Wahrscheinlich vermutete ihr Mann, sie würde sich sonst wieder mit ihrem Geliebten treffen.

»Müde vom vielen Laufen und Sammeln kehrten wir in einem Gasthof ein und kamen erst am Abend wieder nach Hause. Ich hatte absolut keine Lust mehr, jetzt noch die vielen Pilze zu putzen, auch Waldemar sah es ein. Morgen sei auch noch ein Tag, meinte er fast versöhnlich, man müsse die Schwämme nur kühl, trocken und luftig lagern, dann blieben sie frisch.

Als ich am Montagmittag von der Arbeit kam, klingelte das Telefon. Es war Theo. Ob wir Pilze gefunden und sie bereits verzehrt hätten. Gut so, meinte er, bestellte mich zum Hochsitz und verriet vorerst nicht, was es damit auf sich hatte.«

Wieder ein Schluck Schlehenschnaps. Ich wurde ungeduldig.

»In diesem blauen Sacktuch« – sie hielt es mir vor die Nase – »hatte Theo mehrere Pilze mitgebracht, die ich für Wiesenchampignons oder Täublinge hielt, doch er belehrte mich eines Besseren. Ich sollte die Knollenblätterpilze getrennt von den gestern gefundenen Maronen, Pfifferlingen und Krausen Glucken zubereiten und sie auf keinen Fall essen. Ferner müsste ich das Pilzgericht für mich und Waldemar auf getrennten Tellern anrichten, wobei seine Portion mit ein paar Giftpilzen vermischt werden sollte. Natürlich fragte ich, ob man daran sterben könne. Theo war unsicher; auf jeden Fall wollte er es Waldemar heimzahlen und ihm einen ordentlichen Denkzettel verpassen. Wenn ich aber Skrupel hätte, sollte ich die ganze Sache einfach vergessen.

Bevor Waldemar heimkam, hatte ich sowohl die guten als auch die bösen Pilze geputzt und in verschiedenen Pfannen gebraten. Ich war lange unentschlossen, ob ich die giftigen nicht einfach in die Mülltonne kippen sollte, aber ich tat es nicht.«

Nun spitzte ich die Ohren, denn ich witterte Unheil. Und so war es denn auch. Waldemar starb.

Meine freundliche Gastgeberin seufzte.

»Die ersten Krankheitserscheinungen traten zwölf Stunden nach dem Essen auf. Da Waldemar die Pilze persönlich überprüft hatte, kam er gar nicht auf die Idee, dass es sich um eine Vergiftung handeln könne. Ich sollte um Himmels willen nicht gleich einen Arzt holen, sagte er, und es ging ihm auch bald etwas besser. Das war jedoch ein Trugschluss. Ich ließ ihn nach einigen Tagen in die Klinik bringen, wo man ihm nicht mehr helfen konnte. Damals gab es noch nicht die Möglichkeit einer Lebertransplantation.«

Eine Weile schwiegen wir beide. Schließlich fragte ich, ob Theo und Renate irgendwann ein legales Paar wurden, aber sie verneinte es.

»Wir hatten wohl lebenslang ein schlechtes Gewissen«,

sagte sie, »und trauten uns nicht mehr, unsere Liebschaft fortzusetzen. Auch andere Beziehungen, die wir nach längerer Zeit eingingen, sind leider gescheitert. Wir blieben beide ohne Familie und wurden einsam und wunderlich. Aber nun gehen Sie, junger Mann. Ich muss mich erholen.«

Erst im Auto merkte ich, dass mir der Brombeerkuchen schwer wie Blei im Magen lag. Dann musste ich aber doch ein wenig lächeln. Was weiß man schon von den Menschen, selbst wenn es sich um nahe Verwandte handelt! Mein alter Onkel Theo war also nicht nur ein bekennender Atheist, sondern auch ein begabter Mörder gewesen.

Café der Unsichtbaren

Die Architekten der Siedlung hatten sich in den Sechzigern ihre Gedanken gemacht über die Einfallwinkel der Sonne zwischen den hohen Häusern wie auch über die Staffelung der Balkonfarben. Es sollte schön und demokratisch zugehen am Rand der Stadt, der sich abends, an Wochenenden und Feiertagen zu schnell wie der Rand der Welt anfühlen mochte. Es gab ein Fernheizwerk, eine Heidekrautbahn, Einkaufszentren, Schülerlotsen, Rapper, den Weihnachtsmarkt, eine Waldorfschule und weiter Richtung Westen eine Irrenanstalt, die keine mehr war. In der Nacht hatte Rieke in ihrem Märkischen Viertel geträumt, sie habe eine ganz kleine Frau bei sich, die auf ihrer Handfläche starb, während die Rüschenhaube auf dem Haar der Frau weißer und weißer wurde. Weder die Frau noch die Haube wollte Rieke im Traum zerdrücken. Am Ende schlossen sich die Rüschen wie eine Blüte über dem Gesicht der Frau, doch noch immer sprach sie.

Und am Ende schrie sie.

Sind Sie noch da, sind Sie noch da, Frau von Schrey?, hatte Rieke laut zurückgeschrien, und Arian musste sie wecken.

Jaja, der alte Horst aus dem 13. Stock, der ist ja nun auch schon tot, hatte sie gedacht und sich von Arian weggedreht.

Ihr Fenster stand offen. Die Glocken von St. Martin läuteten den Ostermontag ein. Arian duschte. Neben der Tür zu Riekes Bad posierte ein ziemlich großer, gelber Porzellantiger auf seinen Hinterpfoten, der aus Riekes Kinderzimmer in Dortmund mit nach Berlin gezogen war. Über dem metallenen Schreibtischstuhl hing ein Fell. Einen Schrank gab es nicht, aber eine Kleiderstange auf Rollen, ebenso beweglich wie der Schneiderspiegel, der mal hier-, mal dorthin wanderte, um überall im Weg zu stehen. Als es gestern Abend spät an ihrer Tür klingelte, hatte sie rasch die letzten Korrekturen der Übungspredigt gespeichert und den Schnellhefter *Selbsteinschätzung* mit dem Gesicht nach unten gelegt, bevor sie Arian öffnete.

Die Glocken läuteten noch immer. Auf, schoss es ihr durch den Kopf, los, auf, auf, Rieke, zum Emmausgang!

Jedes Jahr hatte Riekes Vater den Bruder und sie am Ostermontag früh zum Emmausspaziergang geweckt. Sobald die ersten Glocken läuteten, waren sie zu dritt unterwegs gewesen. Der Vater war Pfarrer, hatte aber trotzdem frei. Die Mutter übernahm am Ostermontag Predigt und Gottesdienst in der Kirche, die die Eltern gemeinsam betreuten, bis zu dem Tag, an dem der Vater mit der Gemeindehelferin durchbrannte und die Mutter mit den zwei Kindern in jenes Haus am Kanal zog, das Rieke in keiner guten Erinnerung behalten würde. An mindestens acht Ostermontagen jedoch war morgens um sieben die Welt noch in Ordnung gewesen, im Pfarrhaus, in diesem kleinen soliden Ding aus den Fünfzigerjahren, das sehr eigenständig aussah mit seiner karminroten Fassade. Es hat Ähnlichkeit mit eurer

Mutter, hatte Riekes Vater einmal zu den Kindern gesagt, es ist ein Haus mit braunen Augen. Irgendwann werden eure Lebensläufe auch Häuser sein, aus deren Fenstern ihr die Welt deutet. Den Satz hatte der Vater geklaut, hatte er später zugegeben. Doch benutzte er ihn einfach weiter, sobald es zu passen schien. Auf dem Weg vom karminroten Haus in den frühen Ostermontag hinein erzählte der Vater die immer gleiche Passage des Evangeliums nach. In den ersten Jahren führte sein Pilgerpfad durch Brennnesseln, wilde Wiese und vorbei an fünf Apfelbäumen bis zum Wald. Dann kamen die Bagger, Lader und Raupen, die Drucklufthämmer und Kräne. Nach zwei Jahren Bauzeit gab es keinen Pilgerpfad mehr, sondern nur noch eine ungeheuer kahle Straße, gesäumt von lackierten Streichholzschachteln, die sich Einfamilienhäuser nannten. Eine sparsame Bepflanzung, viel Kiesfläche und hier und da ein polierter Stein in den Vorgärten erinnerten daran, dass der Tod nicht nur auf Friedhöfen wohnt. Die fünf Apfelbäume beim Wald aber blühten zu Ostern unbeirrt weiter. Der Vater ging langsamer, sobald sie näher kamen. Er änderte den Ton und sprach: Zwei Jünger Jesu auf dem Heimweg von Golgata nach Emmaus vergegenwärtigen sich all die Geschichten, die den Herrn bereits zur Legende gemacht haben. Er soll der Sohn Gottes gewesen sein. Er soll tot, er soll auferstanden sein. Die beiden Jünger weinen, aber sie reden auch. Denn im Erzählen bekommen die schlimmsten Katastrophen einen Sinn. Plötzlich ist da ein Dritter, der mitgeht, sagte der Vater, sobald sie selbst zu dritt unter den Apfelbäumen ankamen. Wenn Rieke dann die Augen zusammenkniff, lagen die fünf Obstbäume nicht am Rand eines deutschen Walds, sondern in flirrendem Licht, also in Wahrheit an einer Schotterstraße im Gelobten Land. Wie durch ein Wunder waren sie an der Grenze des Erzählens zu Ölbäumen geworden, und in der Ferne rauschte die Autobahn zwischen Tel Aviv und Jerusalem wie das Meer. Der Dritte hört schweigend zu, sagte der Vater, während sie zu dritt weitergingen und sich dem Waldrand näherten, wo plötzlich gewöhnliche Kiefern wie Pinien und Eukalyptus in einem ganz anderen Land rochen. Trockenheit hatte ihnen die unteren Zweige heruntergerissen. Wer der Dritte ist, wissen die Jünger nicht, sagte der Vater, ihre Augen sind gehalten. Das heißt, sie sehen nicht, was sie sehen. Sie sind wohl noch immer blind vom Weinen, und sie erkennen Jesus nicht. Doch als er sich verabschieden will, bitten sie ihn um etwas, als hätten sie plötzlich eine Ahnung, die sich nicht traut, Gewissheit zu sein. *Herr, bleibe bei uns, denn es will Abend werden, und der Tag hat sich geneigt,* sagen sie.

Danach hatte der Vater den Wald betreten, Jahr um Jahr, mit den vorsichtigen weiten Schritten seines Metiers.

Arian duschte noch immer. Rieke lag auf ihrem Bett. Was dachte er wohl von ihr? Dass sie von der Göttlichkeit anderer Religionen, also auch von ihm etwas wissen müsste, weil sie Theologie studierte? Mit gesenkter Stimme, als hätte die Dunkelheit in ihrem Zimmer Augen und Ohren, hatte er gestern gegen drei in der Frühe von einem Vorfall am Tempelberg erzählt. Laut einer Überlieferung, mit der Arian aufgewachsen war, sollte dort vor seiner Himmelfahrt Mohammed einem jüdischen Propheten namens Jesus begegnet sein. Um diese heilige Nacht herum war später der Felsendom gebaut worden. Arian, auf Besuch dort, hatte sich beim Eingang für Muslime angestellt und als Eintrittskarte die ersten Verse des Korans aufsagen sollen. Konnte er nicht mehr. Zwischen zwei empörten Türhütern versuchte er sich zu erinnern. Ging nicht. Also stellte er sich beim Eingang für Touristen an, wo man ihn fragte, *Sir, are you Muslim?* Wieder Aufruhr, wieder Gezeter, denn der Eingang war Christen und Juden vorbehalten. Erleichtert war ich, hier kein Gebet aufsagen zu müssen, hatte Arian gestern Nacht gesagt, also habe ich zu diskutieren angefangen. Auseinandersetzungen liegen mir mehr als Glaubensbekenntnisse, Rieke, und nur Allah wird darüber richten, ob ich Muslim bin oder nicht. Das habe ich denen vom Touristeneingang auch so gesagt. Ich muss vor Gott geradestehen und nicht vor euch, Leute! Gott geht es nicht um eure Nichtigkeiten, aber vielleicht um mich. Und keine Angst, Leute, wenn ihr mich jetzt reinlasst, seid ihr mich in einer halben Stunde wieder los. Für immer. Selbst auf dem Weg nach Mekka werden wir uns nicht wieder begegnen. Denn ich werde nie, nie unrasiert, ungekämmt und mit langen Fingernägeln als Haddschi von einem Haddsch kommen, um anschließend auf der Schönhauser Allee herumzustehen, immer mit Blick auf die Uhr, wann endlich wieder Zeit zu beten ist.

Das hast du so gesagt, Arian?

Ja, sagte er, nur die Sache mit Mekka nicht, wenigstens nicht ganz so. Trotzdem, ich fühle mich diesen islamisch-orientalischen Dingen verbunden. Auch die Menschen dazu sind mir nah, nah wie eine Heimat, die ich nie hatte. Wenn sie mich anschauen, merke ich, sie erkennen mich. Ich wende mich ab, denn genau der will ich nicht sein. Schaue ich wieder hin und begegne wieder ihren Augen, erkenne ich mich selbst. Genau der kann ich nur sein, Rieke.

Vielleicht, sagte Rieke, bist du so muslimisch wie viele meiner Freunde christlich sind, weil Reste eines alten Kinderglaubens sie so berühren wie auf Reisen das letzte Butterbrot von daheim.

Vielleicht, wiederholte Arian.

Alles komisch, meinte sie.

Genau, am Ende bin ich auch als komischer Vogel in den Felsendom hineingekommen, hatte Arian in der Nacht gesagt.

Sie drehte sich in ihrem Bett auf die Seite und schaute zum offenen Fenster. Würde der Tag heute auch ihren Namen tragen so wie die letzte Nacht? Falls Arian aus einer gläubigen Familie kam, hätte er dann machen dürfen, was sie beide in den letzten Stunden gemacht hatten? War das nicht Sünde und gegen all seine Vorstellungen von Reinlichkeit und Schamgefühl? Von Mannsein und Frausein? Schlief er auch mit anderen, mit muslimischen Frauen? Sie war Donnerstagnacht von der Hochbahn aus gleich mit zu ihm gegangen – was dachte er deswegen von ihr? Spielte das eine Rolle, oder spielte es eine Rolle, dass sie sich die Frage stellte? Jedenfalls würde Arian als Bruder keine Drohungen von seinen Schwestern aushalten müssen, weil er mit einer wie Rieke schlief, die vollgestopft mit Halbwissen über die Religion anderer sich in der ersten Nacht gefragt hatte, ob dieser Mann wohl beschnitten war, den sie da gerade auszog. Rieke auf ihrem Bett legte sich auf den Rücken und zog die Knie zum Bauch. Maschalla! Wie ausgehungert sie und er gewesen waren. Überrannt von Gefühlen hatten sie sich beide in die Hand des anderen gelegt.

Die Glocken von St. Martin hatten mittlerweile aufgehört zu läuten. In Riekes Bad schwieg auch die Dusche. Was er jetzt wohl machte, wo er sich nicht mehr wusch? Für ein Mittagsgebet war es zu früh, für das Morgengebet längst zu spät. Ob er trotzdem den Duschvorleger Richtung Osten ausgerichtet hatte und auf den grauen Zementfliesen ihres Bads kniete, so wie neulich dieser Kerl beim Autobahnparkplatz auf einem Stück Pappe neben seinem Laster gekniet hatte? Warum wurde Arian ihr plötzlich fremd wie ein fremder Lastwagenfahrer? An seiner Seite würde sie in keiner Nacht von einem anderen Mann träumen, ganz sicher.

Träumst du, oder denkst du?

Die Stimme kam vom Bad her. Die Sonne schien auf das Bett und in ihr Gesicht. Rieke schaute zu ihm und wusste, wie sie dabei aussah. Aber würde das auch helfen?

Vorschlag, sagte er, ich gehe gleich mit dir zum Dienst.

Wieso das?

Arian zuckte mit den Schultern.

Das ist nicht erlaubt!

Arian zuckte mit den Mundwinkeln und sagte: Es ist auch mein Nachhauseweg und erlaubt ist, was gefällt, oder?

Sie gab keine Antwort. Er zuckte mit den Lidern, dann nicht mehr. Denn plötzlich waren seine Augen wie zwei Schmelzöfen, die sie auf ihr Metall prüften, während er langsam zum Bett kam. Rieke hatte sich aufgesetzt. Er stand dicht vor ihr und umfasste mit einer Hand ihr rechtes, dann mit der anderen ihr linkes Knie so hart, als seien seine Finger eine Wegfahrsperre.

Warum willst du zum Dienst mitkommen?

Darum.

Geht das bitte auch genauer?

Ich will von deinem Fenster aus sehen, wie es für dich war, als wir einander noch nicht kannten, sagte Arian.

Ostermontag

Aus verzückten Fernen hob sich
Von befreitem Licht erhellt,
Wie die Arche aus den Wassern,
Eine makellose Welt.

Selig knien in Umarmung,
Menschheit ahnend, Mann und Weib,
Denn in reinre Form verwandelt
Ward des Sohns erstandner Leib.

Jahwe trat die Bundeskelter,
Niederbrach des *Blutes* Saft,
Und wir glühen, uns ertastend.
In des *Geistes* Bindekraft.

Unerhörter Sammlung wartet
Sich verklärend alles Fleisch,
Und aus Zeit- und Raumesgrenzen
Dehnt sich das verheißne Reich.

Die Entlarvung des Osterhasen

Ich muss ein geradezu reizendes Kind gewesen sein. – Wer mich noch nicht lange genug oder gar nicht kennt, der kann das nicht beurteilen. Denn ich habe mich im Laufe der Jahre ziemlich verändert ... Trotzdem soll mich niemand um Fotografien aus jener Zeit bitten, damit er meine damaligen Vorzüge begreife! Nicht etwa, dass solche Fotografien nicht existieren! Aber sie werden mir nicht gerecht; ich bin darauf einfach nicht gut getroffen.

Eher möchte ich schon empfehlen, sich an meine Mutter zu wenden, deren Adresse mitzuteilen ich gern erbötig bin. Ihre Auskünfte, sicher auch die meiner Tante Lina, ferner die weit zurückreichenden Erinnerungen des Fräuleins Haubold aus der Färbereifiliale und der Bäckermeisterin Wirth – um nur einige Kronzeugen meiner Kindheit zu nennen –, kurz, eine imposante Summe des vollsten Vertrauens werter mündlicher Überlieferung wäre recht wohl dazu geeignet, auch den letzten Zweifel gegenüber meiner Behauptung zu entkräften, die ich zu meinem eigenen Bedauern wie einen mathematischen, jedes Beweises gern entratenden Lehrsatz wiederholen will: Ich muss ein geradezu reizendes Kind gewesen sein. –

Nichts wird dem, der Gemüt zu besitzen vorgibt, verständlicher sein, als dass ich mich mit einer ans Leidenschaftliche grenzenden Vorliebe jenes vergangenen Lebensabschnittes erinnere, in dem es mir vergönnt war, staunende Beachtung zu finden. Ja, ohne Übertreibung darf ich es aussprechen: Ich werde mir unvergesslich bleiben ...

Wie wundervoll war es doch, das Raunen der Erwachsenen zu kosten, wenn ich anlässlich der öffentlichen Osterprüfungen vor das Katheder trat, um ein Gedicht von Viktor Blüthgen oder Ludwig Uhland zu deklamieren! Wie ergriff mich die Feststellung, dass die Augen des Oberlehrers voller Zärtlichkeit auf mir ruhten, und dass über die Wangen auch der neidischsten Mütter Tränen der Rührung bis zu Erbsengröße rollten!

Oft hat man böse Worte gegen die Musterschüler gesprochen und geschrieben; man hat sehr unrecht daran getan. Mehr sage ich nicht, obwohl gerade ich dazu berufen wäre; denn ich war ein Musterschüler, wie er prächtiger und exemplarischer nicht wieder zur Welt kommen dürfte ...

Musterschüler zu sein ist eine keineswegs jedem Beliebigen zugängliche Aufgabe. Es ist vielmehr ein Talent, dessen Geheimnis darin besteht, den Lehrern nicht nur Freude zu machen, sondern sogar Freude an ihnen zu haben. Wer zweifelt noch daran, dass dies besondere Eignung voraussetzt?

Am liebsten rufe ich Erinnerungen an das erste Schuljahr wach ...

Denn jener Schritt, mit dem ich über die Schwelle des Klassenzimmers stolperte, dass die Zuckertüte ihre bunte Spitze und ihren süßen Inhalt verlor – jener Schritt bedeutete das Heraustreten des Kindes aus dem engen Kreis der Familie in die Bezirke des öffentlichen Lebens; jener Schritt

galt gewissermaßen der erstmaligen Ausübung staatsbür-
gerlicher Pflichten.

Ich wage nicht zu behaupten, dass mir damals die ganze
Schwere jenes stolpernden Schrittes klar zum Bewusstsein
gekommen wäre. Das wohl nicht. Aber im Herzen des zum
Bürger geborenen Kindes muss sich dergleichen instinktiv
geltend machen, ehe es mit dem Kopfe begriffen wird. So
erging es mir. –

Und ähnlich, wie ich die Bedeutung des Schulbeginns
empfand, sollte ich bald auch die der Persönlichkeit nach-
teiligen Folgen des öffentlichen Lebens spüren. –

Der Lehrer meines ersten Schuljahres hieß Bremser. Genauer: Herr Bremser. Ihm verdanke ich wesentliche För-
derungen. Sein Name soll mich nicht ungerecht machen.
Ohne jede Übertreibung darf ich sogar sagen: Ich habe
seitdem nicht mehr allzu viel hinzugelernt. Natürlich einzelne Dinge, tausend Zahlen, windige Neuigkeiten, das
wohl. Doch was ich ihm verdanke, ist weit mehr. Er lehrte
mich die Wirklichkeit sehen; er ließ mich wissen, dass
nichts ohne Ursachen und Folgen geschieht, und dass die
Phantasie ein Organ ist, das weggeschnitten zu werden verdiente, da es doch nichts nützt und, wenn es sich bemerk-
bar macht, schlimme Erkrankungen hervorruft.

Und das kam so: Die letzte Stunde vor den Osterferien –
ein ganzes Jahr war bereits verflossen –, diese letzte Stunde
wurde weder mit komplizierten Schreibübungen noch mit
einstelligen Rechenkünsten zugebracht, sondern mit im-
provisierten Darbietungen des Lehrers selber. Eine fraglos
schöne alte Sitte. Er ging so weit, dass er uns fragte, was er
denn nun erzählen solle.

Wie ein Magier, der jeden Wunsch zu erfüllen imstande ist, lehnte er seine halbkugelrunde Weste gegen die Bordkante des Katheders und ließ Blicke väterlicher Güte über die kleinen Männer gleiten. Da zuckte es in den vorschriftsmäßig gefalteten Händen; da wurden die arglosen Gesichter nachdenklich; da gingen die wunderlichsten Wünsche und Rätsel hinter den sauber gekämmten Haarschöpfen spazieren.

Herr Bremser war die Geduld in Person. Ermunternd wanderten seine Augen von einem zum anderen. Schließlich sagte irgendein munteres Stimmchen: »Etwas vom Osterhasen!« Dieser Wunsch war, da Ostern vor der Schultür stand, vollkommen begreiflich. Und ebenso begreiflich war es, dass alle einverstanden waren. Jeder war willens, etwas vom Osterhasen zu hören. Freilich nicht die allgemein bekannten Tatsachen vom Legen, Färben und Verstecken der Eier, nein, etwas Apartes! Am liebsten eine kleine spannende Geschichte, in der jener wundervolle Hase die Heldenrolle spielen sollte …

Herr Bremser nickte mit dem Kopf, schwenkte das eine Bein über die Kathederecke, wie er das so zu tun liebte, schaute sinnend in den Schulgarten hinaus, der schon zu grünen anhub, räusperte sich und fragte: »Ja, glaubt ihr denn noch an den Osterhasen?« Und von dem Bedürfnis hingerissen, Kinderpsychologie experimentell zu betreiben, fuhr er fort: »Also – wer noch an den Osterhasen glaubt, der hebe die Hand!« Schon reckte er den Arm, um besser zählen zu können. –

Aber niemand hob die Hand … So sicher es war, dass alle an den Osterhasen glaubten, so klar wurde es ihnen plötzlich, dass dieser Glaube ein Zeichen von Dummheit sei. Welcher Mensch aber hat den Mut, sich zu seiner Dummheit zu bekennen? Und gar welches Kind?

Mit einem Male wussten alle, dass es keinen Osterhasen gab. Niemand wusste noch, wie sich das Eierlegen sonst erklären lasse. Nun, diesen Bildungsdefekt zu beheben, war das Werk einer kurzen Stunde.

Der radikale Inventurausverkauf unseres Märchenglaubens kam überraschend. Ich kann es nicht leugnen. Und dass ich zu Hause schrecklich geheult habe, und dass meine Mutter sehr geschimpft hat, weiß ich noch recht gut.

Aber, nicht wahr, was will das besagen gegenüber der Tatsache, dass man uns an diesem Tage menschenunwürdigen Einbildungen entriss! Nun waren wir doch auf der kerzengeraden Marschroute in den Konfirmationsanzug! Noch ein paar Jahre Addieren und Dividieren, Bibelsprüche und Gesangbuchverse, Jangtsekjang und Ludwig den Bayern – das war das wenigste …

An jenem Tage ging eine neue Sonne auf und eine alte Welt unter …

Im Ernst: Wenn ich meinem Lehrer noch einmal begegnen sollte – der Wahrscheinlichkeitsrechnung nach kann er noch rüstig am Leben sein –, ich würde ihm sagen: »Werter Herr! Sie waren seinerzeit so liebenswürdig, mich etwas plötzlich auf die Wirklichkeit vorzubereiten, als Sie den Osterhasen umbrachten. Beim Fortschritt der Menschheit, an den Sie glauben, das war für mich ein wenig hart. Und wüsste ich, dass Sie noch heute an jenen Fortschritt glauben – ich bin gern bereit, Sie von diesem Märchen zu erlösen. Eine Liebe ist der andern wert.«

Aber er wird mir nicht begegnen. Und das ist ebenso gut. –

Heute hat sich wohl auch das geändert. Heute sagen die Kinder, während sie zur Welt kommen, zu ihren Eltern: »Also, dass ihr es wisst! Die Geschichte mit dem Storch, die könnt ihr euch schenken! Apropos, was haltet ihr vom Darwinismus?«

Ja, der Fortschritt …

Ein paar Ostergedanken

Schöne Ostern gehabt?«

»Doch, sehr schön, danke, und Sie?«

»Auch sehr schön, doch.«

»Weggefahren?«

»Um Himmels willen, nein, ganz relaxed zu Hause.«

»Wir auch, bin doch nicht wahnsinnig. Stress kann ich auch hier haben.«

»Nicht wahr? Haben Sie die Bilder gesehen? Was sind das bloß für Menschen, die sich das antun?«

»Die haben keinen Stress im Job.«

»Glauben Sie?«

»Schauen Sie uns an. Müssen wir an unseren spärlichen paar freien Tagen mit quengelnden Kindern im Schritttempo durch den Gotthard fahren?«

»Oder sechs Stunden zwischen Besoffenen aus Birmingham und Leverkusen in der Abflughalle von Palma de Mallorca die Kinder mit kalten Pommes frites und warmen Glaces bei Laune halten?«

»Ich sage Ihnen: Die Leute haben beruflich keinen Stress, sonst würden die zu Hause bleiben und Eier anmalen.«

»Mein Jüngster hat ein Ei schwarz angemalt. Bis wir das gefunden hatten im Garten! Nicht dumm. Schwarz, und ist erst vier.«

»Unsere Kleine hat geweint, als sie den Schoggihasen gegessen hat. ›Warum weinst du?‹, habe ich sie gefragt. ›Arms Häsli‹, hat sie geantwortet. Aber gegessen hat sie ihn.«

»An solchen Tagen merkt man erst, wie schlecht man seine eigenen Kinder kennt.«

»Man ist eben viel zu wenig zu Hause.«

»Und kaum schaut man sich um, sind sie erwachsen.«

»Dabei ist das jetzt die wichtigste Zeit, zwischen vier und zwölf.«

»Und die opfert man dem Laden.«

»Blöd, wie man ist.«

»Ist halt auch eine wichtige Zeit, zwischen 30 und 40, beruflich.«

»Wenn du's dann nicht packst, vergiss es.«

»Besonders jetzt.«

»Da kann es eben auch einmal etwas später werden, da kann man nicht immer mit der Stoppuhr im Büro sitzen.«

»Ich komme auf gut sechzig Stunden. Sie auch?«

»Wenn's wenig ist.«

»Ich meine, im Schnitt.«

»Im Schnitt sowieso.«

»Darunter leidet natürlich die Familie.«

»Ganz klar.«

»Ich versuche, wenigstens jeden zweiten Abend daheim zu sein, bevor sie im Bett sind.«

»Bei mir ist das schwierig. Vier und sechs. Aber wenigstens die Wochenenden. Also die Sonntage. Aber das reicht natürlich nicht.«

»Aber man tut es ja für die Familie. Auch und gerade.«

»Das ist ja die Ironie. Ihr zuliebe vernachlässigt man sie.«

»Manchmal fragt man sich.«

»Besonders nach den Ostertagen zu Hause.«

»Wenn man so mit der Frau und den Kindern am Küchentisch sitzt und mit Sternchenfaden Kräutlein und Zwiebelschalen um Eier wickelt, fragt man sich schon, ob es nicht Wichtigeres gibt im Leben als die Karriere.«

»Ach, Sie machen die auch mit den Kräutlein? Mir fehlt die Geduld, aber meine Frau macht richtige Kunstwerke.«

»An solchen Tagen habe ich manchmal Lust, den Bettel hinzuschmeißen und ein normales Leben zu führen. Als irgendeine Nummer irgendwo in einem Betrieb mit geregelten Arbeitszeiten, einem bescheidenen Gehalt, aber ohne Stress.«

»Dann könnte man auch einmal ein paar Tage weg über Ostern mit der Familie.«

»Nach Italien oder Mallorca!«

»Es ist schon ein Teufelskreis.«

Epilog

JOSEPH ROTH

Ewige Ostern

Ich hege den kindischen Wunsch, ewige Ostern zu genießen. Ich möchte eine unaufhörliche Kette von Auf-
erstehungen erleben und den tröstenden Gesang der Oster-
glocken in einen Dauerchoral verwandelt wissen.

Ich möchte ein ganzes Leben lang sehen, wie die schüch-
ternen Knospen an den jugendlichen Weidenruten ihre
Miederleibchen sprengen und wissen, dass morgen oder
übermorgen die weißen Kastanienkerzen sich entzünden
und der goldene Goldregen zu blühen anfängt, dem die
Sonne ihre glühende Farbe verleiht. Ich wünschte, dass die
große Natur ewig eine Ausflugsgegend bliebe; dass die Bü-
sche an den Zäunen die Verbotstafeln verhüllten und der
linde Regen die Strafanforderungen wegschwemmte, die
uns das Betreten der schönsten Wege unmöglich machen.
Ich stelle mir vor, dass es den kleinen Mädchen aus den Bü-
ros und Fabriken nicht schaden könnte, wenn sie Tag für
Tag in ihren weißen Blusen, aller Sorgen ledig und auf das
Wunder wartend, das sie verdienen, durch sonnige Straßen
schlendern dürften, wie Schneeglöckchen, die gehen können.

Lasterhaft genug bin ich, um den Schmerz zu entbehren
und die Theorien des frommen Lesebuches in ihr Gegenteil
zu verwandeln. Ich weiß, dass eine ganze Anzahl Menschen

so lebt, als gäbe es immer Ostern, und dass es ihnen gutgeht. Sie haben den ewigen Glockenklang in den Ohren. Sie kümmern sich nicht um Verbotstafeln. Es sind die chronisch Feiertäglichen, die dauernden Spaziergänger, und sie sehnen sich nicht nach der Mühsal.

Es müssten wunderbare Tage sein, denen kein schaler Morgen mehr folgte, erfüllt von der Hast des Erwerbes und von der Arbeit, die ein Segen ist für die Arbeitgeber.

Ich möchte, dass unsere Morgen Gold im Munde haben, unsere Mittage festlich und stolz werden und unsere Abende nicht müder Abschluss eines Tages, sondern friedliche Dämmerpause zwischen Wachen und Schlaf. Dass der Frühling nicht eine entlehnte Freude für schnell verrinnende Stunden bliebe, sondern köstlicher Besitz.

In den großen und schönen Gotteshäusern der Welt vernimmt eine gläubige Menschheit Trost und Verheißung für eine Zukunft, die es nicht mehr auf Erden geben soll, sondern im Himmel.

Ich sehe mir den Himmel an und stelle fest, dass er unendlich ist und blau und durchsichtig. Und ich möchte nicht gerne die ewigen Ostern dieser Erde gegen ein jenseitiges Osterfest tauschen. Denn ich weiß nicht, ob in den himmlischen Gefilden die liebe Sonnenblume wächst und ob die Primel in den metaphysischen Wäldern blüht und der blassblaue Flieder an den Gartenzäunen Gottes.

Es ist ein sündhafter Irrtum, dass man gekreuzigt werden muss, um aufzuerstehen. Aber wunderbar ist die Legende von der *Auferstehung der Lebendigen* ...

Nachweis

Der Verlag dankt folgenden Rechteinhaber:innen für die Genehmigung zum Abdruck:

behalten S. Fischer Verlag GmbH, Frankfurt am Main. Aus
dem Russischen von Swetlana Geier.

Eichendorff, Joseph von (1788, Schloss Lubowitz bei Ratibor –
1857, Neiße) *Ostern.* Aus: ders., *Die schönsten Gedichte.* Erschienen im Diogenes Verlag, 2007.

Fauser, Jörg (1944, Frankfurt am Main – 1987, München)
Karfreitag. Aus: ders., *Ich habe große Städte gesehen. Die Gedichte.* Copyright © 2019, Diogenes Verlag AG Zürich.

Goethe, Johann Wolfgang (1749, Frankfurt am Main – 1832, Weimar)
Osterspaziergang. Aus: ders., *Faust.* Als Taschenbuch erschienen beim Diogenes Verlag, Zürich, 1982.

Goscinny, René (1926, Paris – 1977, ebd.)
Meine Osterferien. Aus: ders./ Jean-Jacques Sempé, *Der
kleine Nick ist wieder da!* Copyright © 2006, IMAV éditions /
Goscinny – Sempé. Copyright der deutschsprachigen Ausgabe
© 2006, Diogenes Verlag AG Zürich. Aus dem Französischen
von Hans Georg Lenzen.

Hesse, Hermann (1877, Calw – 1962, Montagnola)
Die Verlobung. Aus: ders., *Sämtliche Werke in 20 Bänden.*
Herausgegeben von Volker Michels. Band 7: *Die Erzählun-
gen 2.* Copyright © Suhrkamp Verlag Frankfurt am Main 2001.
Alle Rechte bei und vorbehalten durch Suhrkamp Verlag Berlin.

Jens, Ina (1880, Thusis, Graubünden – 1945, Valparaíso)
Ostern. Erschienen in: *Ostergeschichten.* Verlag Gute Schriften, Zürich.

Kästner, Erich (1899, Dresden – 1974, München)
Die Entlarvung des Osterhasen. Auszug aus dem gleichnami-
gen Buch. Herausgegeben von Sylvia List. Copyright © Atrium
Verlag AG, Zürich, und Thomas Kästner.

Kleist, Heinrich von (1777, Frankfurt – 1811, Berlin)
Der Engel am Grabe des Herrn. Aus: ders., *Sämtliche Werke*

und Briefe. Herausgegeben von Helmut Sembdner. Erster Band: *Versdichtung.* Erschienen im Carl Hanser Verlag, München, 1952.

Kuckart, Judith (*1959, Schwelm)
Café der Unsichtbaren. Auszug aus dem gleichnamigen Roman. Copyright © 2022, DuMont Buchverlag, Köln, S. 165–171.

Lagerlöf, Selma (1858, Mårbacka – 1940 , Mårbacka)
Das Rotkehlchen. Erschienen in: *Ostergeschichten.* Verlag Gute Schriften, Zürich. Aus dem Schwedischen von Marie Franzos.

Langgässer, Elisabeth (1899, Alzey – 1950, Karlsruhe)
Ostermontag. Aus: dies., *Gedichte.* Erschienen im Claassen Verlag, Hamburg, 1959.

Lappert, Simone (*1985, Aarau)
Der Glamour einer Ostereule. Als Kolumne mit dem gleichen Titel erschienen in der Schweizer Illustrierten, Zürich, vom 14. April 2022, Nr. 15. Copyright © 2022, Simone Lappert.

Meister, Ernst (1911, Hagen – 1979, ebd.)
Gründonnerstag. Aus: ders., *Gedichte in 15 Bänden. Im Zeitspalt.* Copyright © 1994, Rimbaud Verlagsgesellschaft mbH, Aachen. Abdruck mit freundlicher Genehmigung.

Morgenstern, Christian (1871, München – 1914, Untermais, Meran)
Ostermärchen. Aus: ders., *Gesammelte Werke in einem Band.* Erschienen im Piper Verlag, München, 1993.

Nabokov, Vladimir (1899, St. Petersburg – 1977, Montreux)
Osterregen. Aus: ders., *Erzählungen I,* 1921-1934. *Gesammelte Werke Band 13.* Herausgegeben von Dieter E. Zimmer. Copyright © 1989, Rowohlt Verlag GmbH, Hamburg. Aus dem Russischen von Rosmarie Tietze.

Nietzsche, Friedrich (1844, Röcken, Lützen – 1900, Weimar)
Der tolle Mensch (Titel vom Herausgeber). Aus: ders., *Morgenröte. Ildyllen aus Messina. Die fröhliche Wissenschaft.* Kritische Studienausgabe. Herausgegeben von Giorgio Colli und Maz-

zino Montinari. Erschienen bei dtv Verlagsgesellschaft mbH & Co. KG, 1999.

Noll, Ingrid (*1935, Shanghai)
Meister Lampe. Aus: dies., *In Liebe Dein Karl*. Copyright © 2020, Diogenes Verlag AG Zürich.

Nothomb, Amélie (*1966, Etterbeek)
Die Passion. Auszug aus dem gleichnamigen Roman. Copyright © 2019, Éditions Albin Michel, Paris. Copyright der deutschsprachigen Ausgabe © 2020, Diogenes Verlag AG Zürich. Aus dem Französischen von Brigitte Große.

Präauer, Teresa (*1979, Linz)
Zu Ostern nach Neapel. Als Gastkommentar mit dem Titel *Zwischen Ruinen* erschienen in der Salzburger Nachrichten Stammausgabe vom 23. April 2022. Abdruck mit freundlicher Genehmigung der Autorin. Copyright © 2022, Teresa Präauer.

Rilke, Rainer Maria (1875, Prag – 1926, Montreux)
Der Auferstandene. Aus: ders., *Die Gedichte*. Erschienen im Insel Verlag, Frankfurt am Main, 2006.

Ringelnatz, Joachim (1883, Wurzen – 1934, Berlin)
Rätselhaftes Ostermärchen. Aus: ders., *Das große Ringelnatz-Buch*. Die schönsten Gedichte und Geschichten mit vielen Bildern von Tatjana Hauptmann. Copyright © 2005, Diogenes Verlag AG Zürich.

Roth, Joseph (1894, Brody – 1939, Paris)
Ewige Ostern. Aus: ders., *Werke I. Das journalistische Werk 1915–1923*. Herausgegeben von Klaus Westermann. Verlag Kiepeneuer & Witsch, Köln 1989, 2008.

Stifter, Adalbert (1805, Horní Planá – 1868, Linz)
Die Charwoche in Wien. Aus: ders., *Gesammelte Werke in sechs Bänden*. Sechster Band: *Kleine Schriften*. Erster Band: *Studien I*. Herausgegeben von Max Stefl. Erschienen im Insel Verlag, Wiesbaden, 1959.